Cocina para no engordar

Editora responsable: Ana Doblado

Proyecto: Antonia M.ª Martínez

Traducción: Ana Doblado, Alberto Jiménez, Pilar Tutor

Corrección de textos: La Vieja Factoría

Fotografías: Steve Brown, Robert Clark, Rowan Fotheringham, Concha López, Andre Martin, Rob Shaw, Robert Taylor

Diagramación: Mari Salinas

Preimpresión: Esther Paniagua

C/ Campezo, s/n - 28022 Madrid
Tel. 913 009 100 - Fax: 913 009 118

Cocina para no engordar

susaeta

Comer menos... grasa saturada

- Reducir la cantidad de grasa saturada en la dieta no significa renunciar al sabor. Con sólo modificar algunos hábitos, se sorprenderá usted de la cantidad de grasa saturada que puede eliminar de las comidas diarias sin dejar de dar gusto al paladar.
- Evite las comidas para llevar que estén fritas, así como la bollería de fabricación industrial. Si alguna vez no puede evitarlo, busque en la etiqueta las que estén preparadas con grasas más saludables.
- Coma porciones más pequeñas de carne (elimine siempre la grasa visible), quite la piel del pollo y aumente la ingesta de pescado, incluyendo el pescado en conserva.
- Las frutas, las verduras, los cereales y el pan deben constituir la mayor parte de la dieta. Estos alimentos contienen fibra alimentaria y antioxidantes, que desempeñan un papel esencial en la prevención de las enfermedades coronarias, así como del cáncer.
- Sustituya los productos lácteos enteros (con toda la grasa) por desnatados o semidesnatados, y utilice margarina con grasas poliinsaturadas o monoinsaturadas.

- Mida siempre la cantidad de aceite que echa en la sartén, en lugar de agregarlo a ojo, y caliente la sartén primero, antes de echar el aceite; de esta forma se extenderá más y por tanto necesitará menos cantidad.
- Compre mayonesa y aliños para ensaladas bajos en grasa o sin grasa.
- El aceite en *spray* es una fantástica idea para cocinar con poca grasa, ya que gracias al pulverizador se emplea la mínima cantidad imprescindible para que no se peguen los alimentos. Un sistema alternativo es aplicar el aceite con un pincel.
- Utilice pasta filo en lugar de hojaldre o masa quebrada. Aplique un poco de agua o aceite en *spray* al superponer las hojas de pasta filo.
- Compre sartenes antiadherentes para cocinar y utilice papel de cocina para absorber el exceso de grasa de los alimentos cocinados.
- Prepare los estofados y las sopas un día antes y guárdelos en el frigorífico para que se solidifique la grasa y pueda retirarla antes de volverlos a calentar.

Ensaladas

Ensalada de remolacha con skordalia

Ingredientes para 4 personas:

- ✓ *1,8 kg de remolachas frescas*
- ✓ *1 diente de ajo machacado*
- ✓ *6 cl de aceite de oliva*
- ✓ *2 cucharadas de vinagre de vino tinto*

Skordalia:

- ✓ *2 patatas medianas (400 g)*
- ✓ *4 rebanadas de pan de molde duro*
- ✓ *6 dientes de ajo machacados*
- ✓ *6 cl de aceite de oliva*
- ✓ *2 cucharadas de zumo de limón*

Preparación:

- Quitar la raíz y los tallos de las remolachas. Cocerlas en agua, al vapor o en el microondas, sin pelar, hasta que estén tiernas; escurrir. Dejar que se enfríen durante 10 minutos; pelarlas mientras están tibias y cortarlas por la mitad.
- Colocarlas en una fuente y verter encima los ingredientes restantes bien mezclados. Servir con la skordalia.

Skordalia:

- Cocer las patatas en agua hasta que estén tiernas; escurrir y aplastar bien. Quitar las cortezas del pan y empaparlo en agua fría durante 2 minutos; escurrir. Batir el pan, las patatas y el ajo. Con la batidora en marcha, añadir el zumo en un chorrito mezclado con el aceite hasta que la salsa espese.

Presentación y acompañamiento: La carne que más se consume en Grecia es el cordero, que combina con esta ensalada especialmente bien. Pruébela con pierna de cordero asada o con souvlakia (brochetas de cordero con ajo y limón).

Ensalada de flores con corazones de lechuga y hoja de roble

Ingredientes para 4 personas:

- ✓ *2 corazones de lechuga*
- ✓ *1 lechuga de hoja de roble*
- ✓ *10 flores de pensamiento o cualquier otra de cultivo ecológico*
- ✓ *1 cucharada de zumo de limón*
- ✓ *1 cucharada de vinagre de vino tinto*
- ✓ *1 cucharada de jarabe de arce*
- ✓ *5 cucharadas de aceite de oliva*
- ✓ *sal*
- ✓ *pimienta recién molida*

Preparación:

- Separar las hojas de roble y lechuga y lavarlas con agua fría.
- Secar muy bien las hojas, cortar la mitad de un tamaño regular y reservar las demás para adornar.
- Colocar las lechugas en una ensaladera o en platos individuales.
- Deshojar algunas flores, mezclar los pétalos con las lechugas y el resto de las flores utilizarlas para adornar la ensalada.
- Las flores deben colocarse después del aliño para que no pierdan su frescura.
- Para el aliño, mezclar el vinagre de vino tinto, el jarabe de arce, la cucharada de limón, la sal, la pimienta y batir mientras se añade el aceite.
- Aderezar la ensalada justo antes de servirla.

Ensalada marinera

Ingredientes para 4 personas:

- *500 g de pulpitos*
- *2 calamares grandes (500 g)*
- *1 kg de gambas crudas*
- *1/4 de taza de perejil fresco picadito*

Salsa rosa especial:

- *125 ml de mayonesa*
- *125 ml de concentrado de tomate*
- *1 cucharadita de mostaza*
- *2 huevos duros picados*
- *2 cucharaditas de salsa Worcestershire*
- *una pizca de salsa Tabasco*
- *2 cucharaditas de alcaparras escurridas y picaditas*

Preparación:

- Quitar las cabezas a los pulpos y cortarlos por la mitad.
- Abrir los calamares y, sin cortarlos, pasar el cuchillo en sentido longitudinal, como dibujando rayas; cortarlos, en dirección contraria, en tiras de 1 cm de ancho.
- Ponerr los calamares y los pulpos en una cazuela con agua hirviendo durante 20 segundos; escurrirlos inmediatamente. Pelar las gambas dejando las colas.
- Hacer a la plancha las gambas y los pulpos en una sartén caliente y ligeramente engrasada hasta que se doren.
- En una ensaladera, mezclar el marisco con el perejil; remover. Servir con el aliño y, si se desea, con hojas de lechuga.

Salsa rosa especial:

- Batir la mayonesa, el tomate, las salsas, las alcaparras y la mostaza en un cuenco. Incorporar los huevos justo antes de servir.

Sugerencia: Las cabezas de los pulpos se pueden usar para hacer sopa de pescado; quitar el ojo y la piel, enjuagarlos con agua fría y secarlos con papel de cocina.

Ensalada de patatas y huevo con salsa verde

Ingredientes para 4 personas:

- ✓ *1/2 kg de patatas*
- ✓ *1 escarola*
- ✓ *4-5 huevos de codorniz*
- ✓ *1 l caldo vegetal*
- ✓ *1/2 diente de ajo*
- ✓ *perejil*
- ✓ *2 cucharaditas de mostaza*
- ✓ *5 cucharadas de aceite de oliva*
- ✓ *sal*
- ✓ *pimienta recién molida*
- ✓ *1 alquequenje*

Preparación:

- Mondar las patatas, cortarlas en rodajas de 1 cm y con un molde darles forma de flor.
- Cocer las patatas en el caldo vegetal y retirarlas pasados 8 minutos.
- Cocer los huevos de codorniz, enfriarlos inmediatamente, retirar las cáscaras y cortarlos por la mitad.
- Picar el ajo y batir todo con el aceite. Añadir la mostaza y salpimentar.
- Aliñar las hojas de escarola, previamente lavadas y centrifugadas, con la salsa elaborada.
- Adornar el plato con las patatas en forma de flor, el perejil y el alquequenje.

Ensalada caliente de patata

Ingredientes para 4 personas:

- ✓ *4 huevos*
- ✓ *4 lonchas de beicon troceadas*
- ✓ *750 g de patatas enanas nuevas*
- ✓ *2 pepinillos en vinagre picaditos*
- ✓ *1 cucharada de perejil fresco picadito*
- ✓ *160 ml de mayonesa*
- ✓ *80 ml de crema agria*
- ✓ *2 cucharaditas de zumo de limón*

Preparación:

- Poner los huevos en una cazuela y cubrirlos con agua; llevarlos a ebullición y cocerlos, sin tapar, 10 minutos; escurrir. Enfriarlos bajo el chorro de agua fría, pelarlos y cortarlos por la mitad.
- Freír el beicon, sin tapar, en una sartén sin aceite, hasta que esté crujiente; escurrir sobre papel de cocina.
- Cocer las patatas en agua, al vapor o en el microondas, hasta que estén tiernas; escurrirlas y cortarlas por la mitad.
- En una cazuela grande, mezclar la mayonesa con la crema agria, el zumo de limón, los pepinillos y el perejil; remover a fuego lento hasta que se caliente. Echar en una ensaladera las patatas, el beicon y los huevos; verter encima el aliño de mayonesa caliente; remover.

Sugerencia: El beicon y los huevos pueden prepararse unas horas antes de hacer la ensalada, pero las patatas y el aliño deben hacerse en el momento.

Presentación y acompañamiento: Esta ensalada acompaña muy bien a la carne de cerdo a la parrilla y a la lombarda.

Ensalada de arroz y garbanzos

Ingredientes para 4 personas:

- ✓ *200 g de arroz doongara*
- ✓ *430 ml de agua*
- ✓ *300 g de garbanzos en conserva escurridos*
- ✓ *40 g de pasas sultanas*
- ✓ *35 g de albaricoques secos muy picaditos*
- ✓ *2 cebolletas en rodajas muy finas*
- ✓ *2 cucharadas de piñones tostados*

Aliño de naranja:

- ✓ *1 cucharadita de ralladura de naranja*
- ✓ *80 ml de zumo de naranja*
- ✓ *1 cucharada de vinagre balsámico*
- ✓ *1 diente de ajo machacado*
- ✓ *1 cucharadita de jengibre fresco*

Preparación:

- Echar en una cazuela de fondo grueso el agua con el arroz y llevar a ebullición. Tapar y cocer después a fuego lento unos 8 minutos o hasta que el arroz esté hecho. Retirar del fuego y dejar reposar, tapado, 10 minutos. Transcurrido este tiempo, remover el arroz con un tenedor y meterlo en la nevera.
- Cuando esté frío, mezclarlo con los demás ingredientes en una ensaladera; añadir el aliño de naranja y remover bien.

Aliño de naranja:

- Echar todos los ingredientes en un frasco con tapa hermética y agitar con fuerza.

Ensalada del mar

Ingredientes para 4 personas:

- ✓ *600 g de gambas medianas*
- ✓ *750 g de mejillones*
- ✓ *8 cl de aceite de oliva*
- ✓ *1 diente de ajo machacado*
- ✓ *500 g de pulpitos cortados en cuartos*
- ✓ *400 g de anillas de calamar*
- ✓ *250 ml de vino blanco seco*
- ✓ *750 g de almejas*
- ✓ *2 dientes de ajo machacados adicionales*
- ✓ *1/2 taza de perejil fresco picado*
- ✓ *80 ml de zumo de limón*

Preparación:

- Pelar las gambas sin quitarles la cola. Raspar los mejillones y quitarles las barbas.
- En una sartén mediana, calentar 1 cucharada de aceite; rehogar el ajo y las gambas por tandas hasta que cambien de color; sacarlas.
- Freír los pulpos y los calamares en la misma sartén; sacarlos.
- En la misma sartén, llevar el vino a ebullición y después cocerlo a fuego lento, sin tapar, hasta que se reduzca a la mitad. Añadir los mejillones y las almejas; cocerlos, tapados, hasta que se abran.
- En un frasco con tapa, mezclar el aceite restante, el ajo adicional, el perejil y el zumo de limón; agitar bien. En una ensaladera mezclar el aliño con las gambas, los mejillones, los pulpitos, los calamares y las almejas; tapar y refrigerar durante 1 hora. Justo antes de servir, remover la ensalada de nuevo.

Sugerencia: Es mejor preparar esta ensalada cuando se vaya a comer, pero hay que respetar el tiempo de refrigeración para potenciar los sabores.

Ensalada de col y zanahorias con salsa de yogur

Ingredientes para 4 personas:

- ✓ *1/2 col blanca*
- ✓ *2 manzanas*
- ✓ *4 zanahorias*
- ✓ *cebollino*
- ✓ *2 yogures naturales*

Salsa de yogur:

- ✓ *1 cucharada de alcaparras*
- ✓ *sal*
- ✓ *pimienta recién molida*

Preparación:

- Lavar cuidadosamente las hojas de col y cortarlas en juliana. Limpiar las zanahorias, pelarlas y rallarlas.
- Pelar las manzanas, descorazonarlas y cortarlas en rodajas. Poner los ingredientes en una ensaladera alternando capas con la ayuda de un molde.
- Verter la salsa sobre la ensalada en el momento de servir y adornar con alguna rodaja de manzana y cebollino.

Salsa de yogur:

- Batir los yogures con las alcaparras, la sal y la pimienta hasta que la salsa quede suave.

Ensalada de ternera y fideos de arroz con aliño de lima y guindilla

Ingredientes para 4 personas:

- ✓ *400 g de filetes de lomo de ternera*
- ✓ *100 g de fideos de arroz*
- ✓ *150 g de tirabeques*
- ✓ *1 pepino grande (400 g)*
- ✓ *1 cucharada de hojas de cilantro frescas*

Aliño de lima y guindilla:

- ✓ *60 ml de zumo de lima*
- ✓ *2 cucharadas de aceite de cacahuete*
- ✓ *1/2 guindilla sin semillas cortada en aritos*

Preparación:

- Hacer los filetes de ternera en una plancha caliente engrasada. Taparlos y esperar 5 minutos antes de cortarlos en tiras.
- Cocer los fideos de arroz en una cazuela grande con agua hirviendo, sin tapar, 2 minutos o hasta que queden al dente; escurrirlos. Aclararlos con agua fría y volver a escurrirlos.
- Cortar los tirabeques por la mitad en diagonal. Lavar bien el pepino, cortarlo por la mitad a lo largo y quitarle las semillas; cortar las mitades en secciones finas en diagonal.
- En una ensaladera mezclar la carne, los fideos, los tirabeques, el pepino y el aliño; decorar con el cilantro.

Aliño de lima y guindilla:

- Mezclar los ingredientes en un frasco de cristal con tapa y agitar bien.

Ensalada de pulpo a la griega

Ingredientes para 4 personas:

- ✓ *80 ml de zumo de limón*
- ✓ *1 cucharada de miel*
- ✓ *4 dientes de ajo machacados*
- ✓ *1/4 de cucharadita de pimienta de Cayena*
- ✓ *1 kg de pulpitos cortados por la mitad*
- ✓ *100 g de espinacas tiernas*
- ✓ *1 cebolla morada en tiras finas*
- ✓ *250 g de tomates cherry cortados por la mitad*
- ✓ *1 cucharada de menta fresca cortada en tiritas*
- ✓ *1 cucharada de albahaca fresca cortada*
- ✓ *100 g de queso feta desnatado en taquitos*

Preparación:

- Mezclar el zumo, la miel, el ajo, la pimienta y el pulpo en una ensaladera; tapar y dejar en la nevera 3 horas o toda la noche.
- Escurrir el pulpo y conservar la marinada. En una plancha ligeramente engrasada, cocinar el pulpo, por tandas, hasta que esté tierno.
- Mientras, echar la marinada en un cazo y llevarla a ebullición. Bajar el fuego y dejarla cocer 5 minutos o hasta que se reduzca y espese; dejar enfriar.
- Justo antes de servir, echar el pulpo y la marinada en una ensaladera junto al resto de los ingredientes; remover bien para mezclar todo.

Sugerencia: Se pueden sustituir las espinacas tiernas por cualquier tipo de lechuga.

Presentación y acompañamiento: Esta receta se realza acompañándola con un cuenco de *tzatziki*, esa sabrosa combinación griega de pepino, yogur y ajo.

Ensalada de salmón ahumado y caviar

Ingredientes para 4 personas:

- ✓ *1,2 kg de patatas alargadas*
- ✓ *1 cucharada de aceite de oliva*
- ✓ *500 g de espárragos trigueros*
- ✓ *400 g de salmón ahumado*
- ✓ *100 g de verduras para ensalada mezcladas*
- ✓ *25 g de huevas de salmón (caviar)*

Puré de aguacate:

- ✓ *1 aguacate pequeño (200 g)*
- ✓ *60 ml de crema agria*
- ✓ *1 cucharada de eneldo fresco picadito*
- ✓ *2 cucharadas de zumo de lima*

Preparación:

- Cocer las patatas en agua, al vapor o en el microondas; escurrirlas.
- Cortarlas por la mitad; colocarlas, con el lado cortado hacia arriba, en una bandeja de horno engrasada y regarlas con el aceite. Hornear, sin cubrir, a una temperatura de 240-250 °C, 15 minutos, dándoles la vuelta de vez en cuando hasta que estén doradas.
- Cocer los espárragos en agua, escurrirlos y cortarlos por la mitad.
- Cortar en tiras los filetes de salmón.
- Repartir el puré de aguacate en los platos individuales; poner encima las patatas, la ensalada, los espárragos, el salmón y el caviar.

Puré de aguacate:

- Pelar y quitar el hueso del aguacate; trocearlo. Batirlo con los demás ingredientes hasta obtener una crema.

Ensalada cobb

Ingredientes para 4 personas:

- *125 ml de vino blanco seco*
- *750 ml de agua*
- *1 cucharada de tomillo fresco picadito*
- *700 g de pechuga de pollo en filetes*
- *6 lonchas de beicon troceadas*
- *4 huevos duros*
- *1 lechuga hoja de roble pequeña*
- *100 g de berros*
- *2 aguacates medianos troceados*
- *4 tomates medianos pelados sin semillas*
- *200 g de queso azul*

Vinagreta de ajo:

- *60 ml de vinagre de vino blanco*
- *2 cucharadas de aceite de oliva*
- *1 cucharadita de mostaza*
- *1 diente de ajo*

Preparación:

- En una cazuela grande, echar el pollo, el vino, el agua y el tomillo; llevar a ebullición y después cocer a fuego lento, sin tapar, unos 20 minutos hasta que el pollo esté bien hecho. Sacarlo (puede conservarse el caldo para otro guiso) y trocearlo.
- Mientras tanto, freír el beicon en una sartén mediana, removiendo, hasta que esté dorado y crujiente; escurrirlo sobre papel de cocina.
- Pelar los huevos y separar las yemas de las claras; trocear las claras y aplastar las yemas pasándolas a través de un colador.
- Repartir la hoja de roble y los berros en los platos; poner encima el pollo, el beicon, las claras, las yemas, el aguacate, el tomate y el queso desmenuzado; aliñar con la vinagreta.

Vinagreta de ajo:

- Mezclar los ingredientes en un frasco de cristal con tapa y agitar bien.

Sugerencia: Los filetes de pollo se pueden sustituir por restos de pollo o pavo asado bien limpios.

Ensalada de pollo con chile y lima

Ingredientes para 4 personas:

- ✓ *250 ml de agua*
- ✓ *250 ml de caldo de pollo*
- ✓ *340 g de filetes de pechuga de pollo*
- ✓ *1 zanahoria pequeña*
- ✓ *1 pimiento rojo pequeño cortado en tiritas*
- ✓ *1/2 col china pequeña cortada en tiritas*
- ✓ *2 cebolletas bien picadas*
- ✓ *60 g de brotes de soja*
- ✓ *1/2 taza de hojas de cilantro fresco*
- ✓ *100 g de berros limpios*

Aliño de chile y lima:

- ✓ *60 ml de zumo de lima*
- ✓ *2 cucharadas de salsa de chile dulce*
- ✓ *1 diente de ajo machacado*
- ✓ *1 cucharada de salsa de ostras*
- ✓ *1 cucharadita de aceite de sésamo*

Preparación:

- En una cazuela, llevar a ebullición el agua y el caldo juntos. Bajar el fuego, incorporar el pollo y cocer a fuego lento 10 minutos o hasta que esté bien hecho. Dejar que se enfríe dentro del líquido de cocción; sacarlo y cortarlo en trozos finos; tirar el caldo.
- Mientras se cuece el pollo, cortar la zanahoria a lo largo y cada mitad a su vez en trocitos de 2 mm de ancho; cortarlos después al tamaño de una cerilla.
- Poner en una ensaladera el pollo, la zanahoria, el pimiento, la col china, la cebolleta, los brotes de soja, el cilantro y los berros; añadir el aliño de chile y lima, y remover bien.

Aliño de chile y lima:

- Mezclar los ingredientes en un tarro con tapa y agitar bien.

Ensalada del chef

Ingredientes para 4 personas:

- ✓ *1 pechuga de pollo de 350 g*
- ✓ *3 tomates pera medianos*
- ✓ *1 lechuga romana grande*
- ✓ *200 g de jamón cocido en lonchas finas*
- ✓ *100 g de queso jarlsberg en lonchas finas*
- ✓ *3 huevos duros cortados en cuartos*

Vinagreta:

- ✓ *1,25 dl de aceite de oliva*
- ✓ *60 ml de vinagre de vino blanco*
- ✓ *2 cucharaditas de mostaza a la antigua*
- ✓ *1 cucharadita de azúcar*
- ✓ *una pizca de pimienta recién molida*

Preparación:

- Dorar el pollo por ambos lados en una sartén grande engrasada. Colocarlo en una bandeja de horno y asarlo, sin cubrir, a 180-190 °C, 15 minutos. Dejar que se enfríe 5 minutos y cortarlo en filetes finos.
- Cortar cada tomate en 8 cuñas. Lavar y separar las hojas de la lechuga; trocearla.
- Repartir la lechuga en cuencos individuales; poner encima el pollo, el tomate, el jamón, el queso y el huevo; aliñar con la vinagreta.

Vinagreta:

- Mezclar los ingredientes en un frasco de cristal con tapa y agitar bien.

Sugerencias: El queso jarlsberg se puede sustituir por gruyer o emmental.

La vinagreta utilizada es la clásica. Para hacerla más cremosa, se puede batir hasta que espese. Si se prepara el día antes, ha de guardarse, tapada, en el frigorífico.

Ensalada de cogollos de Tudela y hoja de roble con tomatitos cherry

Ingredientes para 4 personas:

- ✓ *2 cogollos de Tudela*
- ✓ *4 hojas de lechuga hoja de roble*
- ✓ *4 tomatitos cherry*
- ✓ *4 rábanos*
- ✓ *4 zanahorias baby*
- ✓ *4 champiñones*
- ✓ *5 cucharadas de aceite de oliva*
- ✓ *1 cucharada de vinagre de jerez*
- ✓ *cebollino*
- ✓ *sal*
- ✓ *pimienta recién molida*

Preparación:

- Lavar minuciosamente las lechugas y centrifugarlas.
- Cortar los cogollos de Tudela en cuartos (o separar las hojas) y la hoja de roble en trozos regulares.
- Limpiar los champiñones con una servilleta para que no absorban agua. Cortar por la mitad los champiñones; a los rábanos se les puede hacerl algún tipo de decoración. Lavar los tomates y cortarlos por la mitad. Pelar y lavar las zanahorias baby.
- Disponer todo en platos individuales y adornar con el cebollino.
- Para el aliño, mezclar el vinagre de jerez, la sal, la pimienta y batir mientras se añade el aceite de oliva. Añadir el aliño en el momento de servir la ensalada.

Ensalada tunecina de atún

Ingredientes para 4 personas:

- ✓ *2 huevos duros*
- ✓ *1 pimiento verde mediano (200 g) picadito*
- ✓ *2 tomates medianos (380 g) sin semillas y picaditos*
- ✓ *4 cebolletas picaditas*
- ✓ *2 filetes grandes de anchoa en conserva picaditos*
- ✓ *10 aceitunas verdes deshuesadas picaditas*
- ✓ *1 guindilla sin semillas*
- ✓ *2 cucharaditas de menta fresca picadita*
- ✓ *185 g de atún en conserva al natural escurrido*
- ✓ *1 cucharada de alcaparras*

Aliño al estilo harissa:

- ✓ *2 cucharadas de aceite de oliva*
- ✓ *1 diente de ajo machacado*
- ✓ *1 cucharadita de semillas de cilantro*
- ✓ *1 cucharadita de semillas de alcaravea*
- ✓ *1 cucharada de zumo de limón*
- ✓ *2 cucharadas de vinagre de vino tinto*

Preparación:

- Pelar los huevos duros y picarlos.
- En una ensaladera, mezclar los huevos con los demás ingredientes; verter el aliño sobre la ensalada y remover bien.

Aliño al estilo harissa:

- Calentar el aceite en un cazo; incorporar el ajo y las semillas; cocer, removiendo, hasta que desprendan aroma. Añadir el zumo y el vinagre.

Sugerencia: El atún en conserva se puede sustituir por bonito fresco a la parrilla.

Presentación y acompañamiento: Puede acompañarse con pan fresco, usarse para rellenar un pan de pita o hacer un rollito con pan ácimo.

Ensalada mexicana de gambas

Ingredientes para 4 personas:

- ✓ *200 g de alubias secas*
- ✓ *750 g de gambas cocidas*
- ✓ *1 mazorca de maíz*
- ✓ *4 tortillas de maíz*
- ✓ *250 g de tomates cherry*
- ✓ *1 aguacate grande cortado en lonchas*
- ✓ *1 cebolla morada en rodajas finas*
- ✓ *1/4 de taza de hojas de cilantro frescas*
- ✓ *2 chiles verdes en vinagre escurridos y troceados*

Aliño de lima:

- ✓ *60 ml de zumo de lima*
- ✓ *2 cucharaditas de semillas de comino tostadas*
- ✓ *1/2 guindilla picadita*
- ✓ *8 cl de aceite de cacahuete*

Preparación:

- Dejar las alubias en remojo toda la noche. Escurrirlas y echarlas en una cazuela grande con agua hirviendo. Cocer, sin tapar, unos 20 minutos o hasta que estén tiernas; escurrir y dejar que se enfríen.
- Mientras tanto, pelar las gambas y limpiarlas, dejando las colas intactas.
- Limpiar la mazorca y cortarla en rodajas de 2 cm de grosor; y éstas por la mitad. Cocer el maíz en agua, al vapor o en el microondas, hasta que esté tierno; escurrir.
- Cortar cada tortilla en 8 triángulos; colocarlas formando una sola capa en la bandeja del horno engrasada. Hornear los triángulos, sin cubrir, a 180-190 °C durante 5 minutos hasta que estén dorados y crujientes.
- En una ensaladera mezclar las alubias, las gambas, el maíz, los tomates, el aguacate, la cebolla, el cilantro, los chiles y el aliño; servir con las tortillas.

Aliño de lima:

- Mezclar los ingredientes en un frasco de cristal con tapa y agitar bien.

Ensalada de pasta con medallones de cordero

Ingredientes para 4 personas:

- *375 g de lazos*
- *250 g de tomates amarillos cortados por la mitad*
- *1 cebolla morada mediana (170 g) en tiritas*
- *50 g de rucola*
- *1/4 de taza de albahaca fresca cortada en tiritas*
- *1 cucharada de tomillo fresco*
- *400 g de filetes de solomillo de cordero*
- *2 dientes de ajo machacados*
- *1 cucharada de mostaza a la antigua*
- *60 ml de vinagre balsámico*

Preparación:

- Cocer la pasta en una cazuela grande con agua hirviendo, sin tapar, hasta que esté al dente; escurrir.
- Mezclar el tomate, la cebolla, la rucola, la albahaca y el tomillo en una ensaladera.
- Frotar la carne con la mostaza y el ajo mezclados; cocinarla en una plancha ligeramente engrasada hasta que esté dorada por ambos lados y al punto deseado. Esperar 5 minutos y cortarla en lonchitas.
- Unir la pasta, la carne y el vinagre con las verduras; remover bien.

Esta ensalada puede servirla templada o fría y emplear cualquier tipo de pasta.

Ensalada de salmón y pasta con aliño de eneldo

Ingredientes para 4 personas:

- ✓ *800 g de salmón cocido*
- ✓ *2 bulbos de hinojo cortados en rodajas finas*
- ✓ *375 g de conchas*
- ✓ *1 cebolla morada grande picadita*
- ✓ *350 g de pepinillos cortados a lo largo*
- ✓ *1 cucharada de alcaparras*

Aliño de eneldo:

- ✓ *1/3 de taza de eneldo fresco picadito*
- ✓ *125 ml de vinagre de vino blanco*
- ✓ *125 ml de zumo de limón*
- ✓ *1,6 dl de aceite de oliva*
- ✓ *1 cucharada de mostaza a la antigua*

Preparación:

- Quitar las espinas del salmón y desmenuzarlo con un tenedor.
- Cocer la pasta al dente y escurrir.
- En una ensaladera, mezclar el salmón, el hinojo, la pasta, la cebolla, los pepinillos, las alcaparras y el aliño. Remover.

Aliño de eneldo:

- Echar los ingredientes en un frasco de cristal con tapa y agitar bien.

Hemos utilizado una variedad de pepinillos muy pequeñitos y ligeramente dulces; si no los encuentra, utilice cualquier tipo de pepinillo que no esté muy fuerte.

Ensalada de judías blancas con salsa vinagreta

Ingredientes para 4 personas:

- ✓ *1/2 kg de judías blancas*
- ✓ *1 l de caldo vegetal*
- ✓ *3 rodajas de pimiento rojo*
- ✓ *3 rodajas de pimiento verde*
- ✓ *3 rodajas de cebolla*
- ✓ *2 huevos duros*
- ✓ *2 cucharadas de perejil*
- ✓ *5 cucharadas de aceite de oliva*
- ✓ *1 cucharada de vinagre*
- ✓ *sal*
- ✓ *pimienta recién molida*

Preparación:

- Poner en remojo las judías blancas la noche anterior.
- Escurrir las judías, cubrirlas con el caldo vegetal frío y, cuando rompa a hervir, añadir un poco de agua fría y dejar cocer durante 2 horas a fuego lento.
- Lavar los pimientos, picarlos junto con la cebolla, retirar la cáscara de los huevos y separar las claras de las yemas.
- Para la vinagreta, mezclar los pimientos, la cebolla, el perejil picado, los huevos troceados, el vinagre, la sal y la pimienta. Remover con un batidor mientras se añade el aceite poco a poco hasta conseguir una salsa fina.
- Aliñar las judías blancas con la salsa vinagreta y servir.

Ensalada nizarda 1

Ingredientes para 4 personas:

- ✓ *1 cebolla morada mediana*
- ✓ *4 tomates pera medianos*
- ✓ *3 ramas de apio (225 g) limpias*
- ✓ *3 huevos duros*
- ✓ *200 g de judías verdes*
- ✓ *12 filetes de anchoa en conserva*
- ✓ *425 g de atún desmigado en aceite, en conserva*
- ✓ *100 g de aceitunas de Niza*
- ✓ *2 cucharadas de alcaparras*
- ✓ *2 cucharadas de albahaca fresca cortada en tiritas*

Aliño de ajo y limón:

- ✓ *1,25 dl de aceite de oliva virgen extra*
- ✓ *zumo de un limón*
- ✓ *1 diente de ajo*
- ✓ *1 cucharadita de azúcar*

Preparación:

- Cortar la cebolla en tiras finas y los tomates en cuñas, quitando las semillas. Cortar el apio en rodajas finas; pelar los huevos y cortarlos en cuartos a lo largo.
- Cortar los extremos de las judías y cocerlas en agua hasta que estén tiernas; escurrir.
- En una fuente, disponer en capas la cebolla, el tomate, el apio, los huevos, las judías, el atún y las anchoas. Añadir las aceitunas, las alcaparras y la albahaca; rociar con el aliño.

Aliño de ajo y limón:

- Mezclar los ingredientes en un frasco de cristal con tapa y agitar bien.

Sugerencia: Las aceitunas de Niza, pequeñas y de color marrón oscuro, crecen en el duro y accidentado terreno de Provenza. Pueden sustituirse por cualquier tipo de aceituna negra.

Presentación y acompañamiento: Esta ensalada se sirve como plato único y se acompaña con pan tostado y un vino tinto suave.

Ensalada nizarda 2

Ingredientes para 4 personas:

- ✓ *100 g de judías verdes sin hebras*
- ✓ *2 latas de atún en escabeche escurrido*
- ✓ *1 cebolla morada pequeña cortada en rodajas finas*
- ✓ *2 cebolletas cortadas en rodajitas*
- ✓ *250 g de tomates cherry cortados*
- ✓ *100 g de verduras para ensalada variadas*
- ✓ *2 cucharaditas de ralladura de limón*
- ✓ *125 ml de zumo de limón*
- ✓ *1 cucharada de mostaza a la antigua*
- ✓ *2 dientes de ajo machacados*
- ✓ *2 cucharaditas de azúcar*

Preparación:

- Cocer las judías en agua, al vapor o en el microondas, hasta que estén tiernas; escurrir y dejar que se enfríen. Cortarlas por la mitad.
- En una ensaladera, mezclarlas con el atún, las cebollas, los tomates y las verduras para ensalada.
- Batir bien en un cuenco los ingredientes restantes; añadirlos a la ensalada y remover.

Ensalada de espinacas, beicon y pan frito

Ingredientes para 4 personas:

- ✓ *1 barra de pan pequeña*
- ✓ *1 diente de ajo machacado*
- ✓ *6 cl de aceite de oliva*
- ✓ *10 lonchas muy finas de beicon*
- ✓ *1 yema de huevo*
- ✓ *2 cucharaditas de mostaza*
- ✓ *una pizca de salsa Tabasco*
- ✓ *1 cucharada de vinagre de vino blanco*
- ✓ *2 cucharaditas de zumo de limón*
- ✓ *2 cucharadas de nata líquida*
- ✓ *1 diente de ajo adicional*
- ✓ *1,25 dl de aceite de oliva virgen*
- ✓ *400 g de espinacas tiernas*
- ✓ *5 huevos duros*

Preparación:

- Cortar el pan por la mitad a lo largo y luego en rebanadas de 5 mm. Con un pincel, untar el ajo y el aceite de oliva mezclados; hornear a una temperatura de 180-190 °C, unos 8 minutos hasta que se doren ligeramente.
- Quitar la corteza y la grasa del beicon; cortar las lonchas en cuatro. Freírlas en aceite caliente hasta que estén crujientes; escurrirlas en papel de cocina y cuando se enfríen, desmenuzarlas.
- En un cuenco mezclar la yema, la mostaza, la salsa Tabasco, el vinagre, el zumo, la nata y el otro ajo. Verter poco a poco el aceite de oliva virgen. En una ensaladera, revolver las espinacas con este aliño.
- Añadir los huevos pelados y troceados, el pan y el beicon; remover.

Presentación y acompañamiento: Con esta ensalada y unas salchichas a la barbacoa, sólo falta reunir a la familia para salir de excursión. Todos los ingredientes se pueden cocinar con antelación y mezclarse cuando se vayan a consumir.

Ensalada de tomate, mozzarella y aguacate con aceite aromático

Ingredientes para 4 personas:

- ✓ *4 hojas de lolo rosa*
- ✓ *3 hojas de lechuga romana*
- ✓ *3 hojas de lechuga hoja de roble*
- ✓ *4 tomates en rama*
- ✓ *4 bolas de mozzarella*
- ✓ *2 aguacates*
- ✓ *zumo de 1/2 limón*
- ✓ *orégano*
- ✓ *cebollino*
- ✓ *5 cucharadas de aceite aromático de cebollino*
- ✓ *sal*

Preparación:

- Lavar los diferentes tipos de lechuga y centrifugarlas. Lavar también los tomates y hacer rodajas de 1 cm aproximadamente.
- Cortar las bolas de mozzarella en rodajas del mismo tamaño que los tomates.
- Colocar en el plato donde se vaya a servir la ensalada un molde redondo y disponer en capas alternando las rodajas de tomate y mozzarella. Quitar el molde.
- Cortar los aguacates por la mitad a lo largo, deshuesarlos y pelarlos. Cortar la pulpa en forma de abanico y rociar con el zumo de limón para que no se oscurezcan.
- En el plato donde se ha colocado el tomate y la mozzarella poner una cama de los diferentes tipos de lechuga y colocar los aguacates.
- Aliñar con el aceite aromático de cebollino, añadir la sal y espolvorear con orégano y cebollino picado.

Ensalada de calabacines con queso fresco y albahaca

Ingredientes para 4 personas:

- ✓ *400 g de calabacines*
- ✓ *200 g de queso fresco*
- ✓ *5 cucharadas de aceite de oliva*
- ✓ *2 cucharadas de zumo de limón*
- ✓ *1 ramita de perejil*
- ✓ *pimienta recién molida*
- ✓ *sal*
- ✓ *unas hojas de albahaca*

Preparación:

- Lavar los calabacines y cortarlos a lo largo lo más fino posible. Colocar los calabacines en una ensaladera o en platos individuales.
- Cortar el queso fresco en dados regulares o darle forma con moldes especiales para decorar y añadirlo a los calabacines.
- Mezclar con un batidor el aceite, el zumo de limón, el perejil, la pimienta y la sal.
- Añadir el aliño al calabacín y adornar con una ramita de albahaca y el queso fresco con el perejil.

Ensalada rusa de remolacha

Ingredientes para 4 personas:

- *4 remolachas medianas frescas*
- *3 patatas medianas*
- *180 g de guisantes desgranados*
- *1 cebolla morada (100 g) pequeña picadita*

Aliño de crema agria:

- *1 yema de huevo*
- *2 cucharaditas de mostaza*
- *2 cucharaditas de vinagre de vino blanco*
- *1,25 dl de aceite de oliva*
- *125 ml de crema agria*

Preparación:

- Calentar el horno a 220-230 °C. Hornear las remolachas, envueltas de una en una en papel de aluminio, durante 40 minutos o hasta que estén tiernas. Sacarlas del horno y dejarlas enfriar 10 minutos; pelarlas y cortarlas en cuñas.
- Mientras tanto, pelar las patatas y cortarlas también en cuñas; cocer por separado las patatas y los guisantes. Escurrir.
- Mezclar en una ensaladera la remolacha, las patatas, los guisantes, la cebolla y el aliño de crema agria. Servir la ensalada templada o fría.

Aliño de crema agria:

- Batir la yema de huevo, la mostaza y el vinagre. Con la batidora en marcha, añadir el aceite en un chorrito continuo hasta que la salsa espese. Verterla en un cuenco y agregar la crema agria; remover.

Sugerencias: Hay que cortar las raíces y los tallos de las remolachas a 1 cm de la piel; no deben pincharse las remolachas porque al cocerlas perderían color.

Ensalada de espinacas con champiñones a la plancha

Ingredientes para 4 personas:

- ✓ *400 g de espinacas frescas*
- ✓ *200 g de champiñones*
- ✓ *40 g de pasas*
- ✓ *40 g de piñones*
- ✓ *4 cucharadas de queso parmesano*
- ✓ *5 cucharadas de aceite de oliva*
- ✓ *1 limón*
- ✓ *sal*
- ✓ *crujiente de vinagre de Módena*

Preparación:

- Separar los tallos de espinacas uno a uno y lavar las hojas bien. Colocarlos en una ensaladera.
- Poner en remojo las pasas 20 minutos.
- Limpiar muy bien los champiñones con una servilleta y rociar con limón para que no se oscurezcan.
- En una sartén con aceite dorar ligeramente los champiñones, retirarlos y dejar unas gotitas de aceite para saltear los piñones.
- Echar sobre las espinacas los champiñones, los piñones, las pasas escurridas y espolvorear con el queso parmesano. Añadir sal y adornar con el crujiente de vinagre de Módena.

Nota: Para preparar el crujiente de vinagre de Módena, basta mezclar unas gotas de vinagre con harina de trigo, dar la forma deseada y hornear unos minutos.

Ensalada de salmón y patatas

Ingredientes para 4 personas:

- ✓ *500 g patatas en trozos grandes*
- ✓ *425 g salmón en conserva*
- ✓ *2 tomates medianos (380 g) cortados en gajos*
- ✓ *1 cogollo de lechuga*
- ✓ *120 g de nata agria ligera*
- ✓ *1 cebolla morada mediana (170 g) cortada fina*
- ✓ *50 g de alcaparras escurridas y picaditas*
- ✓ *2 cucharadas de eneldo fresco picadito*
- ✓ *2 cucharadas de zumo de limón*

Preparación:

- Calentar el horno a 220-230 °C.
- Engrasar ligeramente una fuente de hornear y colocar en ella las patatas; asarlas, sin tapar, 30 minutos, dándoles la vuelta de vez en cuando hasta que estén doradas y crujientes. Dejarlas enfriar.
- Escurrir bien el salmón, quitarle las espinas y la piel, y desmigarlo con el tenedor en una ensaladera.
- Echar las patatas junto con el salmón, añadir el tomate y las hojas de lechuga, y remover. Mezclar el resto de los ingredientes y aliñar con ellos la ensalada justo antes de servir.

Ensalada de trucha ahumada y patatas

Ingredientes para 4 personas:

- ✓ *300 g de patatas enanas nuevas*
- ✓ *aceite vegetal para freír*
- ✓ *3 cebolletas*
- ✓ *300 g de lonchas de trucha ahumada*
- ✓ *2 tomates grandes sin semillas y picaditos*
- ✓ *100 g de espinacas tiernas*

Aliño de lima a la pimienta:

- ✓ *1/2 cucharadita de pimienta negra recién molida*
- ✓ *1 cucharada de zumo de lima*
- ✓ *1 cucharada de vinagre de vino blanco*
- ✓ *2 cucharadas de aceite de cacahuete*
- ✓ *1 diente de ajo machacado*

Preparación:

- Con una mandolina, cortar las patatas en rodajas finísimas. Enjuagarlas hasta que el agua salga limpia; escurrir y secar con papel de cocina.
- Freírlas en la freidora o en una sartén honda hasta que estén doradas y crujientes. Escurrirlas sobre papel de cocina.
- Cortar las cebolletas en juliana (tiras muy finas).
- Justo antes de servir la ensalada, freír de nuevo las patatas en la misma sartén; escurrirlas.
- En una ensaladera mezclar las patatas, la cebolleta, la trucha, el tomate, las espinacas y el aliño.

Aliño de lima a la pimienta:

- Mezclar los ingredientes en un frasco de cristal con tapa y agitar bien.

Sugerencia: Para cortar las rodajas de patata muy finitas es necesaria una mandolina, un accesorio realmente útil para cortar frutas y verduras con formas y tamaños diversos.

Ensalada marroquí de naranja y rábano

Ingredientes para 4 personas:

- ✓ *6 naranjas grandes sin pipos*
- ✓ *4 rábanos rojos*
- ✓ *1/2 cebolla morada pequeña*
- ✓ *180 g de aceitunas*

Aliño de limón:

- ✓ *1 diente de ajo machacado*
- ✓ *1/2 cucharadita de pimentón dulce*
- ✓ *1/2 cucharadita de comino molido*
- ✓ *2 cucharadas de zumo de limón*
- ✓ *2 cucharadas de aceite de oliva*
- ✓ *una pizca de azúcar*
- ✓ *2 cucharadas de perejil fresco*
- ✓ *1 cucharadita de agua de azahar*
- ✓ *1/2 cucharadita de canela molida*

Preparación:

- Pelar las naranjas, quitando la cáscara y la piel blanca. Cortar las naranjas y los rábanos en rodajas finas.
- Disponer rodajas alternas de naranja y rábano en el borde de una fuente; poner las rodajas restantes en el centro. Añadir la cebolla y las aceitunas; rociar con el aliño.

Aliño de limón:

- Mezclar los ingredientes en un frasco de cristal con tapa y agitar bien.

Sugerencia: El agua de azahar se utiliza a menudo en la cocina marroquí por su efecto refrescante: en esta ensalada sirve para suavizar el intenso sabor del rábano.

Presentación y acompañamiento: Esta ensalada combina muy bien con tajín de carne, pollo o pescado, así como con carnes a la parrilla o brochetas de cordero.

Ensalada de achicoria con naranja

Ingredientes para 4 personas:

- *1 achicoria*
- *2 naranjas dulces*
- *1 cebolla*
- *1 tallo de apio*
- *5 cucharadas de aceite de oliva*
- *5 cucharadas de zumo de limón*
- *1/2 cucharadita de mostaza*
- *40 g de pipas peladas*
- *pimienta recién molida*
- *sal*

Preparación:

- Lavar la achicoria y desechar el corazón, que amarga. Cortar la achicoria en tiras de 1/2 centímetro de grueso.
- Pelar las naranjas, separar los gajos y quitar la piel (reservar el zumo que desprendan para el aliño).
- Lavar el apio y cortarlo en tiras finas. Pelar la cebolla y cortarla en aros.
- Mezclar, mientras se remueve, el zumo de limón con la mostaza, la sal, la pimienta y el zumo de naranja. Cuando esté bien mezclado incorporar el aceite poco a poco.
- Mezclar los ingredientes, excepto la achicoria y rociar con el aliño. Dejarlo reposar destapado en el frigorífico.
- Tostar las pipas de girasol. Incorporar la achicoria antes de servir la ensalada y esparcir las pipas por encima.

Ensalada de huevo, panceta y espárragos condimentada con ajo

Ingredientes para 4 personas:

- ✓ *6 huevos*
- ✓ *500 g de espárragos trigueros*
- ✓ *100 g de panceta en lonchas finas*
- ✓ *25 g de mantequilla*
- ✓ *2 dientes de ajo machacados*
- ✓ *140 g de pan rallado grueso*
- ✓ *200 g de pasta fresca para lasaña*
- ✓ *2 cucharadas de salvia fresca picada*
- ✓ *1,25 dl de aceite de oliva*

Preparación:

- Poner los huevos en un cazo mediano y cubrirlos con agua fría; llevar a ebullición. Cocerlos a fuego lento 3 minutos (no deben quedar muy cuajados); sacarlos y lavarlos con agua fría. Pelarlos y cortarlos en cuatro.
- Cortar los espárragos por la mitad. Cocerlos en agua; escurrirlos.
- Calentar una sartén grande ligeramente engrasada, dorar la panceta y escurrirla en papel de cocina. Después trocearla.
- En la misma sartén, calentar la mantequilla; dorar el ajo y el pan rallado, removiendo hasta que el pan quede crujiente.
- Cortar la pasta fresca de lasaña en tiras de 3 cm. Cocerlas en una cazuela con agua hirviendo, sin tapar, hasta que estén al dente; escurrir.
- En una ensaladera mezclar el pan con el ajo y la pasta; añadir los huevos, los espárragos, la panceta, la salvia y el aceite. Remover y servir.

Ensalada de soba y atún

Ingredientes para 4 personas:

- *500 g de soba*
- *1 zanahoria mediana (120 g)*
- *50 g de daikon encurtido*
- *2 cucharadas de rodajitas de jengibre encurtido escurridas*
- *500 g de atún o bonito en filetes finos*
- *1 hoja de alga nori tostada y cortada en juliana*
- *2 cucharadas de salsa de soja*
- *2 cucharadas de mirin*
- *1 cucharadita de wasabi*

Preparación:

- Cocer la pasta con agua hirviendo, sin tapar, hasta que esté al dente; escurrir. Enjuagarla con agua fría; escurrir y pasar por encima un papel de cocina.
- Con un pelador de verduras, cortar la zanahoria en tiras finas.
- Cortar el daikon en rodajas y luego en bastoncitos del tamaño de una cerilla.
- Colocar la pasta, la zanahoria, el daikon, el jengibre y el atún en los platos; decorar con el alga nori.
- En un cuenco mezclar la salsa de soja, el mirin y el wasabi; verter esta mezcla sobre la ensalada.

Esta receta es toda una lección de cocina japonesa. El nori son finas hojas de algas secas usadas para el sushi (rollos de arroz y pescado crudo) o como guarnición de sopas, ensaladas o estofados. El daikon es un rábano con forma de zanahoria que se suele comer crudo, pero que también se vende seco y encurtido. El soba es un espagueti fino de harina de trigo sarraceno. El wasabi es un rábano picante que se vende en polvo o en pasta. El mirin es un vino de arroz para guisar, ligeramente dulce, del color de la cerveza; no es apropiado para beber.

Ensalada de endibias con salsa vinagreta

Ingredientes para 4 personas:

- ✓ *4 endibias*
- ✓ *1/2 pimiento rojo*
- ✓ *1/2 pimiento verde*
- ✓ *2 huevos duros*
- ✓ *1 pepinillo*
- ✓ *cebollino*
- ✓ *4 cucharadas de zumo de limón*
- ✓ *6 cucharadas de aceite de oliva*
- ✓ *2 cucharaditas de mostaza*
- ✓ *sal*
- ✓ *pimienta recién molida*

Preparación:

- Sacar algunas hojas de endibia grandes, lavarlas y secar con papel de cocina. Lavar el resto del tronco de las endibias y cortarlo en tiras finas.
- Lavar los pimientos, retirar la cáscara de los huevos y separar las claras de las yemas. Picar todo muy fino junto con el pepinillo.
- Para la vinagreta, mezclar la mostaza, la sal, la pimienta recién molida y el limón con un batidor mientras se añade el aceite poco a poco.
- Añadir las yemas a la vinagreta mezclándolas bien hasta conseguir una salsa fina. Agregar a la salsa los pimientos, las claras, el cebollino picado y los pepinillos.
- Poner en el centro de la fuente los troncos de endibia, colocar las hojas previamente separadas en forma de flor, y rociar con la vinagreta.

Ensalada templada de cerdo y mandarina

Ingredientes para 4 personas:

- ✓ *500 g de lomo de cerdo cortado en lonchitas finas*
- ✓ *2 dientes de ajo machacados*
- ✓ *1 cucharadita de jengibre fresco rallado*
- ✓ *1 cucharada de salsa de chile dulce*
- ✓ *2 cucharaditas de salsa de soja*
- ✓ *3 mandarinas pequeñas peladas y separadas en gajos*
- ✓ *150 g de tirabeques*
- ✓ *2 cucharadas de aceite de cacahuete*
- ✓ *escarola limpia y troceada*
- ✓ *hojas de cilantro frescas*
- ✓ *1 cebolla morada pequeña cortada en rodajas finas*

Aliño de chile:

- ✓ *1 cucharada de vinagre de vino blanco*
- ✓ *1 cucharada de aceite de cacahuete*
- ✓ *1 cucharada de salsa de chile dulce*
- ✓ *2 cucharaditas de salsa de soja*

Preparación:

- Mezclar en un recipiente las lonchitas de carne, el ajo, el jengibre y las dos salsas; tapar y dejar en el frigorífico toda la noche.
- Cortar los gajos de mandarina a lo largo y quitarles los pipos.
- Cocer los tirabeques en agua, al vapor o en el microondas; escurrir.
- Calentar aceite en una sartén grande y saltear el cerdo hasta que se dore.
- En una ensaladera mezclar la carne, la mandarina, los tirabeques, la escarola, las hojas de cilantro y la cebolla; verter el aliño y remover.

Aliño de chile:

- Mezclar los ingredientes en un frasco de cristal con tapa y agitar bien.

Ensalada crujiente de col y tallarines

Ingredientes para 4 personas:

- *240 g de repollo cortado en tiras finas*
- *240 g de lombarda cortada en tiras finas*
- *300 g de tallarines crujientes*
- *8 cebolletas*
- *1/2 taza de perejil fresco picadito*
- *2 cucharadas de semillas de sésamo tostadas*

Aliño:

- *1 cucharada de aceite de sésamo*
- *1 cucharada de aceite de cacahuete*
- *2 cucharadas de vinagre de vino blanco*
- *2 cucharadas de salsa de soja*
- *125 ml de salsa de chile dulce*

Preparación:

- Mezclar en una ensaladera las coles, los tallarines, el perejil y las semillas de sésamo.
- Verter el aliño y remover.

Aliño:

- Mezclar los ingredientes en un tarro con tapa de rosca; agitar bien.

Sugerencia: Hay que preparar la ensalada justo antes de servirla o los tallarines perderán su textura crujiente.

Presentación y acompañamiento: Servir con tofu hecho a la plancha o en la barbacoa.

Los tallarines fritos o crujientes se presentan en versiones planas o redondas; ambas pueden emplearse en esta ensalada.

Ensalada templada de espárragos, pera y jamón serrano

Ingredientes para 4 personas:

- ✓ *500 g de espárragos trigueros*
- ✓ *8 lonchas (120 g) de jamón serrano*
- ✓ *2 peras medianas (460 g)*
- ✓ *1/4 de taza de cebollino fresco troceado*
- ✓ *300 g de escarola*
- ✓ *100 g de queso de cabra*

Aliño de cava:

- ✓ *60 ml de vinagre de cava*
- ✓ *2 cucharadas de mostaza a la antigua*
- ✓ *60 ml de aceite de oliva*

Preparación:

- Cortar el extremo duro de los espárragos; si es necesario, pelar la mitad de abajo. Hacerlos a la plancha con un poquito de aceite hasta que estén dorados y tiernos.
- Cortar las lonchas de jamón por la mitad; dorarlas en la plancha también y escurrirlas sobre papel de cocina.
- Cortar las peras por la mitad y quitarles los corazones; cortar cada mitad en cuatro cuñas. Hacerlas a la plancha.
- En una ensaladera mezclar los espárragos, el jamón, las peras, el cebollino, la escarola y el aliño; agregar el queso desmenuzado.

Aliño de cava:

- Mezclar los ingredientes en un frasco de cristal con tapa y agitar bien.

Sugerencia: Para dar un toque distinto a esta ensalada, se puede usar queso azul cremoso en vez del queso de cabra.

Ensalada cajún de arroz

Ingredientes para 4 personas:

- *400 g de arroz blanco*
- *1 cebolla morada pequeña picada*
- *2 ramas de apio (150 g) picadas*
- *1 pimiento rojo pequeño cortado en trocitos*
- *400 g de alubias pintas en conserva aclaradas y escurridas*
- *50 g de piñones tostados*
- *1 cucharadita de comino molido*
- *1/2 cucharadita de cayena en polvo*
- *60 ml de zumo de limón*
- *1 cucharada de vinagre balsámico*

Preparación:

- Cocer el arroz destapado en una cazuela grande con agua hirviendo hasta que esté tierno; escurrir. Pasarlo por agua fría; escurrir.
- Juntar el arroz con los demás ingredientes en una ensaladera; mezclar bien.

Sugerencia: El arroz se puede preparar la víspera y guardarse tapado en el frigorífico hasta el momento de añadirlo a la ensalada.

Presentación y acompañamiento: Servir con pan de maíz o *muffins*.

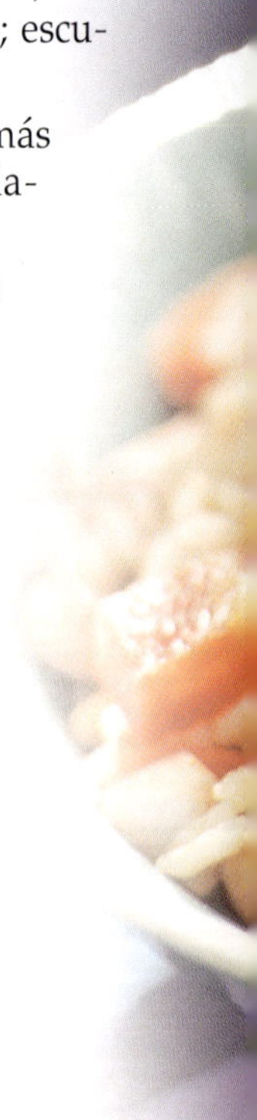

Ensalada de pollo

Ingredientes para 4 personas:

- ✓ *2 yemas de huevo*
- ✓ *2 cucharadas de zumo de limón*
- ✓ *1 cucharada de mostaza*
- ✓ *2,5 dl de aceite de oliva*
- ✓ *750 g de pollo cocido troceado*
- ✓ *5 ramas de apio (375 g) limpias cortadas en rodajas finas*
- ✓ *70 g de almendras tostadas cortadas en bastoncitos*
- ✓ *4 huevos duros cortados en cuartos*

Preparación:

- Batir con la batidora el zumo, la mostaza y las yemas de huevo, hasta obtener una crema suave.
- Con la batidora en marcha, verter poco a poco el aceite; batir hasta que espese.
- En una ensaladera mezclar el pollo, el apio, las almendras, los huevos duros y la crema hecha anteriormente. Servir sobre hojas de lechuga y acompañar con pan crujiente.

Sugerencias: Para que las yemas queden centradas, poner los huevos al fuego en agua fría y no dejar de remover hasta que hierva; cocerlos, sin tapar, removiendo de vez en cuando, unos 6 minutos.

Para tostar las almendras, colocarlas sobre la bandeja del horno sin nada de grasa; hornear a 180-190 °C, sin cubrir, unos 5 minutos hasta que se doren ligeramente.

Verduras

Coca vegetariana

Ingredientes para 4 personas:

- ✓ *500 g de harina de trigo semiintegral*
- ✓ *370 ml de agua templada*
- ✓ *6 cucharadas de aceite de oliva*
- ✓ *20 g de levadura de cerveza*
- ✓ *10 g de sal*
- ✓ *4 espárragos trigueros*
- ✓ *2 tomates canarios en cuartos*
- ✓ *1 calabacín en rodajas*
- ✓ *1/2 pimiento amarillo cortado en trozos*
- ✓ *1/2 pimiento rojo cortado en trozos*
- ✓ *4 pimientos de Guernica enteros*
- ✓ *4 cucharadas de aceite de oliva*
- ✓ *sal Maldon*

Preparación:

- Para la masa disolver la sal en la mitad del agua.
- Mezclar la harina y la levadura de cerveza debidamente desmigada sobre una superficie plana e incorporar el resto del agua. Añadir el agua mezclada con la sal y amasar enérgicamente durante 5 minutos; incorporar el aceite poco a poco y trabajar la masa 3 minutos más hasta que se despegue con facilidad. Formar una bola y dejarla reposar tapada hasta que duplique su tamaño.
- Extender la masa con un rodillo y colocarla en una fuente para horno untada con aceite.
- Disponer todas las verduras lavadas y cortadas sobre la masa y aderezar con las 4 cucharadas de aceite.
- Precalentar el horno a 250 °C, bajar la temperatura a 225 °C y hornear durante 20 minutos.
- Rociar sal Maldon por encima.

Parrillada de verduras asadas con sal Maldon

Ingredientes para 4 personas:

- ✓ *1 calabacín*
- ✓ *1 berenjena*
- ✓ *4 tomatitos canarios*
- ✓ *8 espárragos trigueros*
- ✓ *1 cebolla*
- ✓ *8 zanahorias baby*
- ✓ *1 pimiento amarillo*
- ✓ *1 pimiento rojo*
- ✓ *4 champiñones*
- ✓ *4 pimientos de Guernica*
- ✓ *1 cucharada de aceite de oliva*
- ✓ *1 ramita de albahaca para decorar*
- ✓ *sal Maldon*

Preparación:

- Lavar todas las verduras excepto los champiñones, que se limpiarán con la ayuda de una servilleta.
- Cortar el calabacín en rodajas, la berenjena en rodajas alargadas, la cebolla en aros y los pimientos en cuadrados; de los espárragos aprovechar las puntas.
- Los champiñones, los tomatitos canarios, las zanahorias peladas y los pimientos de Guernica, dejarlos enteros.
- Calentar el aceite en una parrilla y disponer todas las verduras para asarlas; a continuación, meterlas en el horno a 160 °C durante 5 minutos para que terminen su cocción y queden al dente.
- Adornar el plato con una ramita de albahaca y sazonar con sal Maldon.

Quiche de hortalizas

Ingredientes para 4 personas:

- *200 g harina*
- *100 g de mantequilla*
- *1 huevo*
- *20 g de levadura de panadería*
- *3 cucharadas de agua*
- *200 g de judías verdes*
- *100 g de zanahorias*
- *150 g de patatas*
- *200 g de queso rallado para gratinar*
- *1/2 l de leche*
- *3 huevos*
- *250 g de nata líquida*
- *sal*
- *pimienta recién molida*

Preparación:

- Preparar la masa con la harina, el huevo, la mantequilla, la levadura de panadería y el agua y amasar hasta conseguir una masa fina; dejar reposar 2 horas.
- Precalentar el horno durante 5 minutos a 180 °C.
- Extender la masa cubriendo las paredes del molde.
- Lavar y cortar las verduras en tiras y colocarlas en el molde por capas espolvoreando cada capa con un poco de queso rallado y una pizca de sal.
- Batir la pimienta, la leche, los huevos y la nata con un batidor y regar las verduras.
- Hornear durante 30 minutos a 180 °C.

Milhojas de verduras con pistachos salteados

Ingredientes para 4 personas:

- ✓ *4 espárragos trigueros*
- ✓ *1 berenjena en rodajas*
- ✓ *1 calabacín en rodajas*
- ✓ *4 tomates canarios enteros*
- ✓ *4 champiñones enteros*
- ✓ *1 pimiento amarillo en trozos cuadrados*
- ✓ *1 pimiento rojo en trozos cuadrados*
- ✓ *4 pimientos de Guernica enteros*
- ✓ *100 g de pistachos crudos*
- ✓ *1 cucharada de aceite de oliva*
- ✓ *sal gorda*

Preparación:

- Lavar todas las verduras excepto los champiñones, que se limpiarán mejor con una servilleta para que no absorban agua.
- Calentar la mitad del aceite en una parrilla, poner todas las verduras, asarlas y cuando tomen color, meterlas al horno a 160 °C durante 5 minutos para que terminen su cocción.
- En una sartén poner la otra mitad del aceite y saltear ligeramente los pistachos.
- En una fuente plana hacer capas, alternando las verduras con los pistachos.
- Sazonar con sal gorda y aliñar, si se cree oportuno, con un poco de aceite de oliva.

Primavera de tomates al horno con verduras

Ingredientes para 4 personas:

- ✓ *4 tomates en rama*
- ✓ *1/2 pimiento rojo*
- ✓ *1/2 pimiento verde*
- ✓ *1/2 pimiento amarillo*
- ✓ *1 zanahoria*
- ✓ *150 g de guisantes*
- ✓ *4 champiñones*
- ✓ *1 diente de ajo*
- ✓ *6 cucharadas de aceite de oliva*
- ✓ *1 limón*
- ✓ *sal*
- ✓ *pimienta recién molida*

Preparación:

- Lavar los tomates, los pimientos y la zanahoria.
- Limpiar con una servilleta los champiñones y rociarlos con limón para que no se oscurezcan.
- Vaciar los tomates con cuidado para no romper la piel y reservar.
- Picar muy finos los pimientos, la zanahoria, los champiñones y el diente de ajo.
- En una sartén, calentar el aceite, salpimentar y rehogar todos los ingredientes junto con los guisantes.
- Rellenar los tomates con las verduras y hornear 20 minutos a 160 °C.

Wok oriental

Ingredientes para 4 personas:

- *200 g de espaguetis frescos*
- *20 g de setas deshidratadas*
- *100 g de brotes de soja*
- *150 g de zanahorias*
- *3 cebolletas*
- *200 g de col china*
- *150 g de brotes de bambú*
- *50 g de anacardos*
- *3 cucharadas de aceite de oliva*
- *3 cucharadas de salsa de soja*
- *4 cucharadas de salsa agridulce*
- *pimienta recién molida*

Preparación:

- Hervir los espaguetis frescos durante 2 minutos, escurrirlos y reservar.
- Lavar las verduras y hortalizas, excepto las setas deshidratadas, que se remojarán durante 15 minutos en agua caliente.
- Cortar las zanahorias a lo largo y luego cada rodaja en tiras finas; las cebolletas cortarlas por la mitad y la col china, en juliana.
- Escurrir los brotes de bambú, reservar el líquido y cortarlos en tiras.
- Calentar en un wok el aceite de oliva y añadir 2 cucharadas de salsa de soja. Echar primero las setas y después todos los demás ingredientes, incluidos los anacardos. Rehogar durante 3 minutos.
- Agregar la salsa agridulce junto con 100 ml del agua que se reservó de los brotes de bambú.
- Mezclar bien todas las verduras, incorporar los espaguetis y condimentar con la pimienta blanca y una cucharada de salsa de soja.

Pasta integral con vegetales

Ingredientes para 4 personas:

- ✓ *400 g de espirales tricolor integrales*
- ✓ *1 zanahoria*
- ✓ *1 calabacín*
- ✓ *1 nabo*
- ✓ *1 l de caldo vegetal*
- ✓ *sal*
- ✓ *pimienta recién molida*
- ✓ *salsa pesto*

Preparación:

- Cocer la pasta con el caldo vegetal hasta que quede al dente y escurrirla. Reservar el caldo.
- Lavar y pelar la zanahoria, el calabacín y el nabo.
- Cortar todas las verduras en tiras y cocerlas en el caldo que se reservó hasta que queden blandas. Escurrir.
- Mezclar la pasta con las verduras, salpimentar y aliñar con la salsa pesto.

Hinojos hervidos con salsa aromática de tomate

Ingredientes para 4 personas:

- ✓ *4 bulbos de hinojo*
- ✓ *400 g de tomates maduros*
- ✓ *1 cebolla*
- ✓ *40 g de mantequilla*
- ✓ *1/2 l de caldo vegetal*
- ✓ *30 g de harina*
- ✓ *nuez moscada*
- ✓ *albahaca para decorar*
- ✓ *cebollino*
- ✓ *sal*
- ✓ *pimienta blanca*

Preparación:

- Lavar los hinojos, separar las hojas que no estén blancas y desechar las puntas de las raíces.
- Cortar los hinojos por la mitad, poner a hervir en agua con sal y condimentar con pimienta y nuez moscada. Cocer a fuego lento durante 25 minutos.
- Para la salsa, lavar y cortar los tomates en cuartos. En una cacerola derretir la mantequilla y dorar la cebolla muy picadita, añadir el tomate y rehogar durante 5 minutos.
- Agregar al sofrito el caldo vegetal y dejar hervir 10 minutos a fuego fuerte.
- Aparte mezclar la harina con un poco de agua y remover constantemente, para que no se formen grumos, durante 5 minutos.
- Sazonar con la sal y la pimienta y añadir a la salsa. Disponer los hinojos hervidos en una bandeja y bañarlos con la salsa. Decorar con el cebollino y una ramita de albahaca.

Verduras al horno sobre pan de centeno

Ingredientes para 4 personas:

- ✓ *3 berenjenas pequeñas troceadas*
- ✓ *3 calabacines pequeños troceados*
- ✓ *100 g de champiñones troceados*
- ✓ *250 g de tomates cherry cortados por la mitad*
- ✓ *1 puerro pequeño troceado*
- ✓ *2 dientes de ajo machacados*
- ✓ *1 cucharada de aceite de oliva*
- ✓ *1/2 taza de albahaca fresca cortada*
- ✓ *1 cucharada de orégano fresco muy picadito*
- ✓ *2 cucharadas de vinagre balsámico*
- ✓ *4 rebanadas gruesas de pan de centeno*

Preparación:

- Calentar el horno a 220-230 °C.
- Mezclar la berenjena, el calabacín, el champiñón, el tomate, el puerro, el ajo y el aceite en una fuente para horno grande y poco honda; hornear, sin tapar, 20 minutos, removiendo de vez en cuando, hasta que las verduras estén tiernas.
- Incorporar la albahaca, el orégano y el vinagre. Servir caliente sobre el pan tostado.

Coliflor con tomates y besamel gratinados al horno

Ingredientes para 4 personas:

- ✓ *1 coliflor*
- ✓ *3 tomates*
- ✓ *1 ajo*
- ✓ *1/2 de l de leche*
- ✓ *3 cucharadas de harina*
- ✓ *3 cucharadas de aceite de oliva*
- ✓ *25 g de queso rallado*
- ✓ *50 g de mantequilla*

Preparación:

- Escoger una coliflor blanca, desechar las hojas verdes y el tronco, trocearla y ponerla en agua hirviendo con sal.
- Lavar los tomates, cortarlos en rodajas y reservar.
- Para la besamel, poner en un cazo la mitad de la mantequilla y la harina; dejar cocer sin que tome color e incorporar poco a poco la leche hirviendo para que no se formen grumos. Dejar cocer unos minutos.
- Poner en una sartén las 3 cucharadas de aceite, freír un ajo y sacarlo cuando esté dorado. Rehogar la coliflor.
- En una bandeja para horno hacer capas alternando la coliflor y el tomate. Rociarlo todo con la besamel y la otra mitad de la mantequilla derretida; espolvorear con el queso rallado y gratinar en el horno durante 5 minutos.

Espárragos trigueros al vapor

Ingredientes para 4 personas:

- *2 manojos de espárragos trigueros*
- *3 cucharadas de aceite a las finas hierbas*
- *2 huevos duros*
- *4 tomatitos cherry*
- *sal gorda*

Preparación:

- Limpiar bien los espárragos y cortar la parte blanca inferior, que suele ser más dura y fibrosa.
- Cocer los espárragos al vapor durante 20 minutos.
- Retirar la cáscara de los huevos y cortarlos por la mitad.
- Una vez cocidos, colocar los espárragos en platos individuales; aliñar con el aceite a las finas hierbas y la sal gorda. Adornar con el huevo duro y los tomatitos cherry.

Sopas y cremas

Crema de remolacha con nata

Ingredientes para 4 personas:

- ✓ *400 g de remolachas*
- ✓ *2 cebollas*
- ✓ *4 cucharadas de aceite de oliva*
- ✓ *1 l de caldo vegetal*
- ✓ *zumo de 1/2 limón*
- ✓ *2 cucharadas de nata líquida*
- ✓ *sal*
- ✓ *pimienta recién molida*

Preparación:

- Lavar y mondar las remolachas y después picarlas.
- Calentar en una cazuela el aceite de oliva.
- Cuando esté caliente rehogar las cebollas picadas sin que lleguen a dorarse.
- Añadir las remolachas picadas, el zumo de limón y el caldo vegetal.
- Cocer a fuego lento 15 minutos.
- Pasar toda la mezcla por la batidora, salpimentar y adornar con la nata.

Crema de batata y cilantro

Ingredientes para 4 personas:

- ✓ *1 cucharadita de aceite de canola*
- ✓ *2 puerros medianos (700 g) troceados*
- ✓ *3 dientes de ajo troceados*
- ✓ *2 batatas grandes (800 g) troceadas*
- ✓ *1 l de caldo de pollo*
- ✓ *160 ml de leche evaporada desnatada*
- ✓ *1/3 de taza de cilantro fresco picado*

Preparación:

- Calentar el aceite en una cazuela grande; rehogar los puerros y el ajo, sin dejar de remover, hasta que el puerro se ablande. Añadir los trozos de batata y, removiendo, mantener al fuego 5 minutos. Verter el caldo y llevarlo a ebullición; cocer a fuego lento unos 20 minutos hasta que la batata se ablande.
- Pasar el puré por la batidora. Ponerlo de nuevo al fuego y remover hasta que espese un poco. Añadir la leche evaporada y el cilantro; remover sin dejar que hierva y, cuando se caliente, apagar el fuego. Decorar con hojas de cilantro fresco.

Crema de judías verdes

Ingredientes para 4 personas:

- ✓ *500 g de judías verdes*
- ✓ *1 cebolla*
- ✓ *60 g de harina*
- ✓ *1 l de caldo vegetal*
- ✓ *100 ml de nata líquida*
- ✓ *50 g de mantequilla*
- ✓ *1 ramita de perejil rizado*
- ✓ *sal*
- ✓ *pimienta recién molida*

Preparación:

- Lavar y trocear las judías verdes.
- Derretir la mantequilla en un cazo, añadir la harina y reservar.
- En una cacerola llevar el caldo vegetal a ebullición y añadir las judías escurridas junto con la cebolla picada.
- Añadir la mantequilla derretida con la harina sin dejar de remover.
- Salpimentar y dejar cocer a fuego lento hasta que las judías estén hechas.
- Triturar toda la mezcla, incorporar la nata y adornar con el perejil.

Sopa minestrone

Ingredientes para 4 personas:

- ✓ *50 g de fideos gruesos*
- ✓ *2 zanahorias*
- ✓ *150 g de calabacines*
- ✓ *150 g de judías verdes*
- ✓ *200 g de judías blancas*
- ✓ *2 tomates*
- ✓ *2 dientes de ajo*
- ✓ *100 g de guisantes*
- ✓ *2 cucharadas de aceite de oliva*
- ✓ *1 1/2 l de caldo vegetal*
- ✓ *queso parmesano*
- ✓ *sal*
- ✓ *pimienta recién molida*
- ✓ *4 tomatitos cherry*

Preparación:

- Poner en remojo la noche anterior las judías blancas.
- Cocer la pasta al dente en abundante agua con sal.
- Cocer las judías 25 minutos, aproximadamente.
- Lavar y cortar en juliana las zanahorias y los calabacines; las judías verdes cortarlas en trozos pequeños.
- Cortar los tomates en dados y machacar los ajos pelados.
- Rehogar los ajos, las judías verdes y los tomates en el aceite, añadir el caldo vegetal y dejar cocer a fuego lento durante 15 minutos.
- Añadir las zanahorias y los guisantes y cocer todo otros 15 minutos.
- Añadir entonces los calabacines y dejarlos cocer hasta que estén blandos.
- Añadir la pasta, espolvorear con el queso parmesano al gusto y decorar con los tomates cherry en rodajas.

Sopa de brécol y coliflor

Ingredientes para 4 personas:

- *300 g de brécol*
- *300 g de coliflor*
- *200 g de patatas*
- *4 cucharadas de aceite de oliva*
- *1/2 l de caldo vegetal*
- *sal*
- *200 ml de nata líquida*
- *1 yema de huevo*
- *unas hojas de menta*

Preparación:

- Lavar cuidadosamente el brécol y la coliflor, limpiarlas y trocearlas.
- Pelar las patatas, lavarlas y cortarlas en dados.
- Calentar el aceite de oliva en una cacerola y rehogar el brécol y la coliflor.
- Añadir las patatas y el caldo vegetal; sazonar y dejar cocer durante 20 minutos.
- Mientras termina la cocción mezclar la nata con la yema de huevo y añadir a la cacerola una vez retirada del fuego.
- Decorar con la menta.

Crema de remolacha y picadito

Ingredientes para 4 personas:

- *1 cucharadita de aceite de oliva*
- *1 cebolla pequeña*
- *1 diente de ajo*
- *3 remolachas medianas peladas*
- *1 manzana mediana cortada y quitado el corazón*
- *1 l de caldo de verdura*
- *125 ml de agua*
- *60 ml de zumo de limón*
- *1/4 de cucharadita de salsa Tabasco*
- *medio pepino sin semillas cortado en trocitos*
- *1/2 cebolla morada pequeña muy picadita*
- *1 cucharada de crema agria ligera*

Preparación:

- Calentar el aceite en una cazuela grande; rehogar la cebolla y el ajo, sin dejar de remover, hasta que la cebolla esté tierna. Añadir la remolacha, la manzana, el caldo y el agua; llevar a ebullición. Tapar y dejar cocer a fuego lento, removiendo de vez en cuando, unos 20 minutos o hasta que la remolacha se ablande.
- Pasar la crema por la batidora; agregar el zumo de limón y la salsa Tabasco. Meter en la nevera.
- Servir la crema fría y adornada con los ingredientes restantes.

Sopa de tomate

Ingredientes para 4 personas:

- ✓ *500 g de tomates maduros*
- ✓ *30 g de mantequilla*
- ✓ *2 cebollas medianas*
- ✓ *1/2 de l de caldo vegetal*
- ✓ *1 hoja de laurel*
- ✓ *1 pizca de romero*
- ✓ *nata líquida*
- ✓ *1 cucharadita de azúcar*
- ✓ *sal*
- ✓ *pimienta recién molida*

Preparación:

- Cortar los tomates en cuartos y quitar las semillas.
- Calentar en una cacerola la mantequilla y dorar las cebollas peladas y picadas. A continuación, agregar los tomates y remover durante 10 minutos.
- Añadir el caldo vegetal, el laurel y hervir todo 20 minutos.
- Sazonar con la sal, la pimienta, el romero, el azúcar y pasarlo por un colador.
- Adornar con la nata líquida.

Sopa de verduras y lentejas

Ingredientes para 4 personas:

- ✓ *2 cucharadas de pasta de curry suave*
- ✓ *400 g de tomates en conserva*
- ✓ *750 ml de caldo de pollo*
- ✓ *1 zanahoria grande picadita*
- ✓ *2 apios limpios y picaditos*
- ✓ *1 patata mediana (200 g) picadita*
- ✓ *1 calabacín grande picadito*
- ✓ *150 g de lentejas rojas*
- ✓ *60 g de guisantes congelados*
- ✓ *80 ml de leche de coco desnatada*
- ✓ *2 cucharadas de cilantro fresco picado*

Preparación:

- Calentar las 2 cucharadas de pasta de curry en una cazuela grande, al tiempo que se remueve, durante 1 minuto, hasta que desprenda bastante olor. Añadir los tomates machacados sin escurrir, el caldo, la zanahoria, el apio, la patata y el calabacín; llevar la sopa a ebullición y cocerla, tapada, a fuego lento, 5 minutos.
- Añadir las lentejas a la sopa y dar otro hervor. Bajar el fuego y cocer hasta que las lentejas empiecen a estar tiernas. Añadir los guisantes y dar otro hervor. Bajar de nuevo el fuego y cocer la sopa hasta que se ablanden los guisantes.
- Retirar la sopa del fuego y agregar el resto de los ingredientes.

Sugerencia: Para potenciar el sabor, puede usarse una pasta de curry más picante o añadir unos trocitos de guindilla.

Presentación y acompañamiento: Se puede acompañar con pappadums (galleta de harina de lentejas, arroz y tapioca) hinchados en el microondas y un cuenco de raita (aderezo de pepino picadito mezclado con yogur desnatado).

Crema de guisantes secos

Ingredientes para 4 personas:

- ✓ *200 g de guisantes secos*
- ✓ *1 cebolla*
- ✓ *100 g de copos de arroz*
- ✓ *1 l de caldo vegetal*
- ✓ *2 cucharadas de aceite de oliva*
- ✓ *5 hojas de menta fresca*
- ✓ *2 cucharadas de levadura granulada*

Preparación:

- Poner en remojo durante 12 horas los guisantes.
- Picar la cebolla muy fina y ponerla a cocer junto con los guisantes escurridos en el caldo vegetal, removiendo de vez en cuando.
- Una vez obtenida una crema muy fina agregar los copos de arroz, cocer durante 5 minutos y añadir la sal.
- Retirar del fuego cuando termine la cocción, aliñar con el aceite de oliva y las hojas de menta muy picadas y espolvorear con la levadura granulada.

Crema de calabaza

Ingredientes para 4 personas:

- *1/2 kg de calabaza*
- *1 l de caldo vegetal*
- *1 cucharada de mantequilla*
- *cebollino*

Preparación:

- Pelar la calabaza y cortarla en pedazos pequeños.
- Ponerla a cocer en una cacerola con el caldo vegetal hasta que esté muy blanda.
- Apartar del fuego la calabaza, añadir la mantequilla y sazonar al gusto.
- Triturar la calabaza cocida con el pasapurés y servirla caliente.
- Adornar con el cebollino.

Sopa de lechuga

Ingredientes para 4 personas:

- ✓ *1 lechuga*
- ✓ *50 g de mantequilla*
- ✓ *1 cebolla*
- ✓ *1/2 l de leche*
- ✓ *1/2 l de caldo vegetal*
- ✓ *2 cucharadas de nata líquida*
- ✓ *la yema de un huevo*
- ✓ *2 cucharadas de azúcar*
- ✓ *nuez moscada*
- ✓ *pimienta recién molida*
- ✓ *sal*

Preparación:

- Lavar las hojas de lechuga, introducirlas en agua hirviendo con sal durante 5 minutos, escurrirlas y picarlas.
- Derretir la mantequilla en una cacerola y rehogar la cebolla muy picada sin dejar que se dore.
- Añadir el caldo vegetal y la lechuga reservando un puñadito para decorar.
- Sazonar con la pimienta, la nuez moscada, una pizca de azúcar y dejar cocer.
- Cuando la lechuga esté tierna pasarla por el chino, añadir la leche hirviendo y dejar cocer 5 minutos.
- Batir la yema y la nata y verter por encima en el momento de servir.

Sopa de verduras con albahaca

Ingredientes para 4 personas:

- ✓ *1 cebolla*
- ✓ *125 g de zanahorias*
- ✓ *1 tomate*
- ✓ *2 patatas*
- ✓ *150 g de judías verdes*
- ✓ *1 diente de ajo*
- ✓ *1 l de caldo vegetal*
- ✓ *4 cucharadas de aceite de oliva*
- ✓ *1 ramita de albahaca*
- ✓ *sal*
- ✓ *pimienta recién molida*

Preparación:

- Lavar las verduras y hortalizas.
- Picar la cebolla y el tomate muy finos, y las judías verdes en trozos regulares.
- Pelar las patatas y las zanahorias y cortarlas en dados.
- Calentar el aceite y rehogar la cebolla, el tomate, las zanahorias, las patatas y las judías verdes durante 15 minutos.
- Una vez rehogado añadir el caldo vegetal, el ajo machacado, la sal y la pimienta y cocer 20 minutos.
- Una vez pasado el tiempo de cocción, picar un poco de albahaca sobre la sopa ya retirada del fuego y el resto dejarlo para adornar los platos.

Sopa de puerro y patata

Ingredientes para 4 personas:

- ✓ *750 ml de caldo de pollo*
- ✓ *2 puerros medianos (700 g) en rodajitas*
- ✓ *1 diente de ajo machacado*
- ✓ *2 patatas medianas (400 g) en trozos grandes*
- ✓ *500 g de guisantes congelados*
- ✓ *750 ml de agua*
- ✓ *2 cucharadas de hojas de menta cortadas en tiritas*

Preparación:

- Calentar 2 cucharadas del caldo en una cazuela grande y añadir el puerro y el ajo. Cocer, removiendo, 10 minutos hasta que el puerro se ablande.
- Añadir a la cazuela el caldo restante, las patatas, los guisantes y el agua; llevar a ebullición. Cocer después a fuego lento, con tapa, unos 15 minutos hasta que las verduras estén tiernas. Dejar enfriar 10 minutos.
- Pasar la sopa por la batidora, en varias tandas, hasta que quede bien líquida.
- Echar la sopa a la cazuela y calentarla. Añadir la menta justo antes de servir.

Presentación y acompañamiento:
Esta sopa se puede acompañar con picatostes.

El puerro y la patata son aliados naturales cuando se asocian en una deliciosa sopa invernal. Limpiar muy bien los puerros para eliminar toda la tierra.

Crema fría de rábano

Ingredientes para 4 personas:

- ✓ *400 g de rábanos*
- ✓ *1 diente de ajo*
- ✓ *250 g de suero de leche*
- ✓ *300 g de nata agria*
- ✓ *2 cucharadas de aceite de oliva*
- ✓ *150 g de queso de cabra*
- ✓ *sal*
- ✓ *pimienta recién molida*

Preparación:

- Limpiar y lavar los rábanos e introducirlos en la batidora. Reservar tres para decorar.
- Pelar el ajo y triturar con los rábanos haciendo un puré.
- Mezclar el suero de leche, la nata, el queso y el aceite de oliva con el puré.
- Salpimentar al gusto y enfriar en la nevera hasta el momento de servir.

Cocinar con tofu y seitán

Pisto de seitán

Ingredientes para 4 personas:

- ✓ *1 cebolla*
- ✓ *1 ajo*
- ✓ *perejil*
- ✓ *1/2 pimiento rojo*
- ✓ *1/2 pimiento verde*
- ✓ *1/2 pimiento amarillo*
- ✓ *1 calabacín*
- ✓ *400 g de tomates maduros*
- ✓ *500 g de seitán*
- ✓ *1 1/2 taza de caldo vegetal*
- ✓ *3 cucharadas de aceite de oliva*

Preparación:

- Poner en una sartén el aceite y cuando esté caliente echar la cebolla, el ajo y el perejil muy picados.
- Lavar los pimientos, quitar las semillas, cortarlos en pedacitos y añadir a la sartén. Rehogar tapado a fuego lento.
- Lavar, pelar y cortar en cuadraditos el calabacín; ponerlo en una cacerola con los tomates, sin piel ni semillas, y añadir el seitán en trozos pequeños.
- Agregar a la cacerola el sofrito y añadir el caldo. Cuando rompa a hervir tapar la cacerola y dejar cocer 20 minutos a fuego lento removiendo de vez en cuando.

Brocheta de seitán y tofu con verduras

Ingredientes para 4 personas:

- *200 g de seitán*
- *200 g de tofu*
- *1/2 pimiento verde*
- *1/2 pimiento amarillo*
- *12 tomatitos cherry*
- *4 champiñones*
- *1 vaso de aceite de oliva*
- *1/2 cucharadita de comino*
- *1 cucharadita de páprika*
- *1/2 cucharadita de cúrcuma*
- *1/2 cucharadita de tomillo*
- *1 cucharadita de perejil picado*
- *sal*
- *pimienta recién molida*

Preparación:

- Cortar el seitán y el tofu en cuadrados regulares.
- Introducir en un recipiente hondo el aceite, las hierbas, el tofu, el seitán, la sal y la pimienta y dejarlo macerar toda la noche.
- Con una servilleta limpiar los champiñones.
- Lavar los pimientos y cortarlos en cuadrados.
- Lavar los tomatitos cherry (pueden ser tomates normales cortados en cuartos.
- Alternar en un pincho todos los ingredientes y asarlos en una parrilla.

Tiras de seitán rebozadas

Ingredientes para 4 personas:

- ✓ *500 g de seitán*
- ✓ *1 taza de harina para rebozar*
- ✓ *1 cucharada de salsa de soja*
- ✓ *5 cucharadas de aceite de oliva*
- ✓ *1 cucharada de perejil*
- ✓ *pan rallado*
- ✓ *1 diente de ajo*

Preparación:

- Cortar el seitán en tiras finas.
- En un cuenco preparar la mezcla para rebozar con la harina, el agua, la salsa de soja, el ajo y el perejil muy picadito. Remover bien con un batidor hasta conseguir una pasta no muy espesa.
- Calentar en una sartén el aceite.
- Pasar las tiras de seitán por la mezcla de rebozar, después por el pan rallado y freírlas hasta que queden doradas.
- Dejar que el seitán frito escurra sobre papel de cocina.

Salteado de tofu con verduras

Ingredientes para 4 personas:

- ✓ *250 g de tofu fresco firme*
- ✓ *250 g de tallarines de arroz frescos*
- ✓ *1 cucharada de aceite de cacahuete*
- ✓ *1 cebolla grande en tiras gruesas*
- ✓ *2 dientes de ajo*
- ✓ *1 cucharadita de sazonador de 5 especias*
- ✓ *500 g de champiñones*
- ✓ *60 ml de salsa de soja*
- ✓ *250 ml de caldo de verduras*
- ✓ *60 ml de agua*
- ✓ *300 g de baby bok choy en trozos*
- ✓ *300 g de choy sum en trozos*
- ✓ *4 cebolletas en trozos grandes*
- ✓ *200 g de brotes de soja*

Preparación:

- Cortar el tofu en dados de 2 cm de lado. Pasar los tallarines por agua caliente y escurrir. Echarlos en una ensaladera y separarlos con un tenedor.
- Calentar el aceite en un wok o una sartén honda y saltear la cebolla y el ajo hasta que la cebolla se ablande. Añadir el sazonador de 5 especias y remover hasta que desprenda aroma. Agregar los champiñones y saltear hasta que estén casi tiernos.
- Mezclar el agua, el caldo y la salsa de soja, y echarlos al wok; llevar a ebullición. Echar el bok choy, el choy sum y la cebolleta; rehogar hasta que las verduras se ablanden un poco. Añadir el tofu, los tallarines y los brotes; remover hasta que se caliente todo.

Presentación y acompañamiento: Se pueden usar tallarines de arroz envasados si no los hay frescos. Se echan en una cazuela y se cubren con agua caliente; hay que esperar a que se ablanden y entonces escurrirlos.

Estofado de tofu con verduras al curry

Ingredientes para 4 personas:

- ✓ *2 nabos*
- ✓ *3 zanahorias*
- ✓ *1 manojo de espárragos*
- ✓ *3 cebolletas*
- ✓ *3 patatas medianas*
- ✓ *100 g de guisantes*
- ✓ *500 g de tofu ahumado*
- ✓ *3 cucharadas de aceite de oliva*
- ✓ *1 cucharadita de salsa de soja*
- ✓ *caldo vegetal*
- ✓ *1 hoja de laurel*
- ✓ *1 cucharadita de mugi miso*
- ✓ *1 cucharadita de zumo de manzana concentrado*
- ✓ *curry*

Preparación:

- Lavar las zanahorias, los nabos y los espárragos.
- Cortar las zanahorias y los nabos en tiras no muy finas; a los espárragos quitarles la parte blanca. Cortar las cebolletas en cuartos y el tofu en dados; las patatas dejarlas enteras y los guisantes desgranarlos.
- En una sartén, calentar el aceite y saltear las cebolletas –sin que se quemen– con la salsa de soja. Añadir los demás ingredientes junto con la hoja de laurel, cubrirlo con caldo vegetal y dejarlo cocer, tapado, durante 30 minutos.
- En el último hervor añadir el mugi miso, el zumo de manzana concentrado y el curry al gusto.

Ensalada templada de brécol, pimiento y tofu

Ingredientes para 4 personas:

- *600 g de ramitos de brécol*
- *2 pimientos rojos grandes (700 g)*
- *180 g de tofu*
- *80 ml de aceite de oliva*
- *1 cucharadita de aceite de sésamo*
- *2 cucharadas de vinagre balsámico*
- *1 diente de ajo machacado*
- *2 cucharaditas de semillas de sésamo tostadas*

Preparación:

- Cocer el brécol o hacerlo al microondas hasta que esté tierno; escurrir. Pasarlo por agua fría y volver a escurrir.
- Abrir los pimientos y eliminar las semillas y las membranas. Asarlos a la plancha o en el horno muy caliente, con la piel hacia abajo, hasta que ésta se oscurezca y se abra. Dejar reposar los pimientos durante 5 minutos cubiertos con una lámina de plástico o papel. Pelarlos y trocearlos. Cortar el tofu en dados de 1 cm.
- Echar los demás ingredientes en un tarro con tapa de rosca; agitar bien.
- Poner las verduras con el tofu y el aliño en una ensaladera; remover con cuidado.

Sugerencia: La ensalada puede prepararse unas horas antes y guardarse en el frigorífico, tapada, hasta el momento de servirla.

Presentación y acompañamiento: Servir con pide (pan turco) u otro tipo de torta plana.

Tofu frito

Ingredientes para 4 personas:

- ✓ *500 g de tofu fresco*
- ✓ *100 g de harina de arroz*
- ✓ *2 cucharaditas de cilantro molido*
- ✓ *1 cucharadita de cardamomo molido*
- ✓ *1 diente de ajo*
- ✓ *125 ml de agua*
- ✓ *5 cucharadas de aceite de oliva*

Preparación:

- Escurrir el tofu y cortarlo en lonchas de 1 cm de grosor aproximadamente.
- En un recipiente poner la harina, el cilantro, el cardamomo y el ajo picadito, y añadir poco a poco el agua, batiendo hasta que quede una pasta fina y no muy consistente.
- Calentar el aceite en una sartén.
- Rebozar las lonchas de tofu en la mezcla de especias y freírlas 2 minutos hasta que estén crujientes y doradas.
- Escurrirlas sobre papel de cocina.
- Se puede acompañar el plato con un salteado de verduras.

Escalopines de tofu al pesto

Ingredientes para 4 personas:

- ✓ *500 g de tofu*
- ✓ *100 g de piñones*
- ✓ *2 dientes de ajo*
- ✓ *2 cucharadas de hojas de albahaca*
- ✓ *1 cucharada de queso parmesano*
- ✓ *4 cucharadas de aceite de oliva*
- ✓ *sal*
- ✓ *pimienta recién molida*

Preparación:

- Hacer una mezcla con el tofu rallado, los piñones molidos, 1 cucharada de aceite, la albahaca muy picadita, los ajos triturados, el queso parmesano, la sal y la pimienta.
- Moldear la pasta dando forma de escalopines.
- En una sartén, calentar el resto del aceite y freír los escalopines hasta que queden dorados.
- Escurrirlos sobre papel de cocina.

Hamburguesa de tofu

Ingredientes para 4 personas:

- ✓ *400 g de tofu*
- ✓ *2 zanahorias*
- ✓ *10 nueces*
- ✓ *ralladura de 1/2 limón*
- ✓ *2 cucharaditas de curry*
- ✓ *1 cucharadita de cúrcuma*
- ✓ *cominos*
- ✓ *3 cucharadas de aceite de oliva*
- ✓ *sal*

Preparación:

- Lavar la zanahoria y rallarla junto con el tofu.
- Añadir las nueces peladas y molidas al tofu y las zanahorias.
- Condimentar la mezcla con la sal, el curry, la cúrcuma, la ralladura de limón y los cominos.
- Moldear la masa en forma de hamburguesas y dejarlas reposar durante 20 minutos.
- En una sartén, calentar el aceite y freír las hamburguesas a fuego lento hasta que queden doradas.

Libritos de seitán con tofu

Ingredientes para 4 personas:

- *400 g de seitán*
- *1/2 paquete de tofu ahumado*
- *5 cucharadas de aceite de oliva*
- *harina para rebozar*
- *agua con gas*
- *pan rallado*
- *sal*

Preparación:

- Cortar el seitán en lonchas gruesas y abrirlas por la mitad para hacer los libritos.
- Cortar el tofu con un cuchillo afilado en lonchas muy finas y colocarlas sobre los libritos.
- Preparar en un recipiente hondo la harina y la sal removiendo mientras se añade el agua poco a poco hasta conseguir una pasta no muy consistente. Enfriar en la nevera durante 30 minutos.
- Calentar el aceite. Pasar el seitán por la mezcla y después por el pan rallado y freírlo hasta que quede dorado.
- Escurrir los libritos sobre papel de cocina y servir.

Estofado de seitán

Ingredientes para 4 personas:

- ✓ *1 cebolla mediana*
- ✓ *1 cucharada de aceite de oliva*
- ✓ *500 g de seitán*
- ✓ *1 ramita de romero*
- ✓ *1 1/2 taza de agua*

Preparación:

- Pelar la cebolla y cortarla en rodajas finas.
- En una cacerola, calentar el aceite y rehogar la cebolla hasta que quede transparente.
- Cortar el seitán en trozos pequeños y regulares, añadirlos a la cacerola y rehogar durante unos minutos.
- Incorporar el agua y el romero. Cuando rompa a hervir tapar la cacerola y cocer a fuego lento 20 minutos, removiendo de vez en cuando.

Salteado de verduras chinas, cerdo y tofu con aliño de macadamia

Ingredientes para 4 personas:

- ✓ *500 g de choy sum (o espinacas)*
- ✓ *350 g de brécol chino (o brécol)*
- ✓ *500 g de bok choy (o acelgas)*
- ✓ *4 cebolletas*
- ✓ *2 cucharadas de aceite de cacahuete*
- ✓ *200 g de setas shiitake troceadas*
- ✓ *500 g de cerdo a la barbacoa en filetitos*
- ✓ *300 g de tofu fresco*
- ✓ *100 g de brotes de mung*

Aliño de macadamia:

- ✓ *1/2 taza de nueces de macadamia tostadas y picadas*
- ✓ *125 ml de aceite de cacahuete*
- ✓ *60 ml de mirin*
- ✓ *1 cucharada de salsa de soja*
- ✓ *80 ml de vinagre de arroz*

Preparación:

- Limpiar y trocear las verduras. Cortar las cebolletas en tiras de 5 cm de largo.
- Calentar la mitad del aceite en una sartén grande o en un wok; saltear las cebolletas y las setas hasta que estas últimas estén tiernas. Añadir el cerdo y saltear 1 minuto más; sacar la mezcla de la sartén.
- En la misma sartén, calentar el resto del aceite; saltear, removiendo, las verduras.
- En una ensaladera mezclar los ingredientes salteados con el tofu en dados, los brotes de mung y el aliño.

Aliño de macadamia:

- Mezclar los ingredientes en un frasco de cristal con tapa y agitar bien.

Tofu marinado

Ingredientes para 4 personas:

- ✓ *500 g de tofu*
- ✓ *cebolla*
- ✓ *1 taza de leche de soja*
- ✓ *2 dientes de ajo*
- ✓ *1 cucharada de salsa de soja*
- ✓ *3 cucharadas de aceite de oliva*
- ✓ *sal*
- ✓ *pimienta recién molida*

Preparación:

- Hacer una mezcla con el ajo picado, la leche, la pimienta, la sal y la salsa de soja. Removerla muy bien con un batidor.
- Cortar el tofu con un cuchillo afilado en lonchas de aproximadamente 5 mm, introducirlo en la mezcla ya preparada y dejarlo macerar durante 1 hora.
- Calentar en una sartén el aceite y rehogar 2 rodajas de cebolla hasta que queden transparentes.
- Escurrir y freír las lonchas de tofu una por una, con cuidado de que no se queme la cebolla, hasta que tomen un tono dorado.
- Colocarlas sobre papel de cocina.

Pastelillos de tofu con salsa de chile

Ingredientes para 4 personas:

- ✓ *300 g de tofu fresco firme*
- ✓ *150 g de arroz basmati cocido*
- ✓ *3 cucharaditas de pasta de curry*
- ✓ *2 cebolletas*
- ✓ *1 cucharada de cilantro fresco*
- ✓ *1 huevo ligeramente batido*

Salsa de chile dulce:

- ✓ *60 ml de vinagre de vino blanco*
- ✓ *110 g de azúcar*
- ✓ *1/2 cucharadita de sal*
- ✓ *180 ml de agua*
- ✓ *1/2 cebolla morada pequeña picadita*
- ✓ *1/2 zanahoria pequeña picadita*
- ✓ *1/2 pepino pequeño (65 g) sin semillas muy picadito*
- ✓ *2 cucharadas de cilantro fresco troceado*
- ✓ *80 ml de salsa de chile dulce*

Preparación:

- Presionar el tofu entre dos tablas de cortar o entre dos bandejas y poner peso encima; inclinarlas, para escurrir y desechar el líquido que salga. Dejar reposar 20 minutos y después trocearlo. Pasarlo por la batidora hasta conseguir una masa uniforme.
- Calentar el horno a 200-210 °C y cubrir toda la bandeja con papel de hornear.
- En un cuenco mediano, mezclar el tofu con el arroz, el curry, la cebolleta, el cilantro y el huevo.
- Ir cogiendo cucharadas de la masa y dando forma redondeada a los pastelillos. Ponerlos en la bandeja del horno forrada. Hornear, sin tapar, unos 10 minutos hasta que se doren.

Salsa de chile dulce:

- En un cazo echar el vinagre, el azúcar, la sal y el agua. Cocer 2 minutos hasta que el azúcar se disuelva. Verter esta mezcla sobre los demás ingredientes reunidos en un cuenco resistente al calor; remover.

Platos principales

Tortilla de claras de huevo

Ingredientes para 4 personas:

- *150 g de jamón de york bajo en grasa*
- *200 g de champiñones cortados en laminitas*
- *12 claras de huevo*
- *1/4 de taza de cebollino fresco picadito*
- *2 tomates medianos (380 g) troceados*
- *45 g de queso cheddar bajo en grasa rallado*
- *8 rebanadas de pan integral*

Preparación:

- Quitar la grasa del jamón y cortarlo en tiras estrechas. Hacerlo en una sartén antiadherente grande, removiendo, hasta que se dore un poco; sacarlo de la sartén. Hacer los champiñones en la misma sartén, removiendo, hasta que estén dorados.
- Echar 3 claras en un cuenco y montarlas a punto de nieve; incorporar una cuarta parte del cebollino. Calentar el grill. Calentar una sartén antiadherente de 20 cm de diámetro, engrasarla ligeramente y verter las claras; freír sin tapar, a fuego lento, hasta que la tortilla se dore por la parte inferior.
- Meter la sartén bajo el grill para dorar la parte superior de la tortilla. Echar una cuarta parte de los tomates en una de las mitades de la tortilla; volver a meterla al grill para hornear el tomate. Echar sobre el tomate el queso, el jamón y los champiñones; por último, doblar la tortilla para envolver el relleno. Emplatar y tapar para que no se enfríe.
- Tostar ligeramente el pan por ambos lados y servir como acompañamiento.

Rollo de cordero y tabulé

Ingredientes para 4 personas:

- *250 ml de agua*
- *80 g de trigo bulgur*
- *300 g de garbanzos en conserva escurridos*
- *95 g de yogur desnatado*
- *1 cucharadita de ralladura de limón*
- *1 cucharada de zumo de limón*
- *3 cebolletas cortadas*
- *2 tomates medianos muy picaditos*
- *130 g de pepino sin semillas picadito*
- *1 taza de perejil fresco picado*
- *1/2 taza de menta fresca picada*
- *1 cucharada más de zumo de limón*
- *250 g de carne de cordero cortada en tiras*
- *2 cucharadas de zumaque*
- *8 obleas de pan ácimo*

Preparación:

- Echar el agua con el bulgur en un recipiente y dejar en reposo 30 minutos. Escurrirlo y prensarlo con las manos para eliminar el exceso de agua.
- Mientras tanto, pasar por la batidora los garbanzos, el yogur, la ralladura y el zumo de limón.
- En una ensaladera, mezclar el bulgur con la cebolleta, el tomate, el pepino y las hierbas; añadir el zumo extra de limón y remover. Esto es el tabulé.
- Mezclar la carne con el zumaque; cocinarla a la plancha (ligeramente aceitada), al grill o a la barbacoa, hasta que se dore.
- Justo antes de servir, sobre la mitad de cada oblea de pan echar una octava parte del puré de garbanzos, el cordero y el tabulé; enrollar. Los rollitos pueden servirse enteros o cortados en secciones.

Tortitas de maíz y calabacín con verduras

Ingredientes para 4 personas:

- *50 g de mantequilla fundida*
- *125 ml de leche*
- *110 g de harina*
- *2 huevos batidos*
- *210 g de maíz en conserva*
- *2 calabacines medianos en rodajas finitas*
- *aceite vegetal para freír*

Picadillo de verduras:

- *3 tomates medianos picados*
- *2 aguacates medianos picados*
- *1 cebolla morada pequeña picada*
- *2 cucharadas de zumo de lima*
- *2 cucharadas de cilantro fresco*

Preparación:

- Poner la mantequilla, la leche, la harina y los huevos en un cuenco mediano y batir hasta conseguir una textura suave. Pasar el maíz por la batidora para obtener una crema grumosa; añadirla junto con los calabacines a la masa y remover bien.
- Calentar aceite en una sartén mediana y echar una a una cucharadas colmadas de la mezcla, haciendo cada tortita 2 minutos por cada lado o hasta que estén doradas. Escurrirlas sobre papel de cocina y servirlas con el picadillo de verduras.

Picadillo de verduras:

- Mezclar los ingredientes en un cuenco.

Sugerencia: Mantener calientes las tortitas en el horno hasta el momento de servirlas.

Presentación y acompañamiento: Para seguir con el ambiente mexicano, servir antes crema de chiles con queso como aperitivo.

Cóctel de langostinos

Ingredientes para 4 personas:

- ✓ *36 langostinos cocidos*
- ✓ *1 lechuga iceberg mediana*

Salsa cóctel:

- ✓ *2 yemas de huevo*
- ✓ *1 cucharada de vinagre de vino blanco*
- ✓ *1 cucharada de mostaza*
- ✓ *2,5 dl de aceite de oliva*
- ✓ *1 cucharadita de salsa Tabasco*
- ✓ *1 cucharada de salsa Worcestershire*
- ✓ *60 ml de salsa de tomate*
- ✓ *2 cucharaditas de zumo de limón*

Preparación:

- Pelar los langostinos dejando la cabeza y el extremo de la cola.
- Cortar la lechuga en 6 cuñas.
- Justo antes de servir, repartir los langostinos y la lechuga en los platos individuales; verter la salsa por encima.

Salsa cóctel:

- Batir las yemas de huevo, el vinagre y la mostaza; con la batidora en marcha, verter el aceite en un chorrito y seguir batiendo hasta que espese. Agregar las salsas y el zumo de limón; remover.

Sugerencia: Se puede servir la salsa por separado, como salsa para mojar los langostinos o filetes de pescado rebozados.

Presentación y acompañamiento: El cóctel es perfecto como primer plato para una relajada comida de domingo (seguido de un buen filete) o para una cena elegante, precediendo a un asado de ternera.

Risotto de champiñones y espinacas

Ingredientes para 4 personas:

- ✓ *750 ml de caldo de verduras*
- ✓ *60 ml de vino blanco seco*
- ✓ *1 cucharada de ralladura de limón*
- ✓ *1/2 cebolla picada*
- ✓ *2 dientes de ajo machacados*
- ✓ *400 g de champiñones cortados por la mitad*
- ✓ *300 g de arroz blanco de grano mediano*
- ✓ *2 cucharadas de zumo de limón*
- ✓ *250 ml de agua*
- ✓ *100 g de espinacas tiernas*
- ✓ *40 g de parmesano rallado*
- ✓ *2 cucharadas de hojas de albahaca cortadas en tiritas*

Preparación:

- Calentar una cucharada de caldo con el vino y la ralladura de limón en una cazuela grande. Rehogar la cebolla y el ajo, removiendo, y añadir los champiñones; cocer durante 5 minutos.
- Agregar el arroz, el agua y el resto del caldo. Llevar a ebullición y después cocer a fuego lento, con tapa, 20 minutos hasta que el arroz esté blando.
- Justo antes de servir, añadir las espinacas, el queso y la albahaca.

Sugerencia: La albahaca se puede sustituir por perejil fresco.

Presentación y acompañamiento: Este plato se convierte en una comida completa si se acompaña con pan de ajo y una ensalada de hojas variadas aliñada con aceite balsámico.

Un sencillo método de cocción con tapa reemplaza al tradicional modo de preparación del risotto italiano, que exige remover constantemente durante toda la cocción. Obtendrá mejores resultados si utiliza arroz arborio, aunque cualquier arroz de grano mediano (como el arroz bomba) puede valer.

Pollo relleno de tomate, romero y brie con puré de patata

Ingredientes para 4 personas:

- ✓ *30 g de tomates deshidratados picaditos*
- ✓ *1 cucharada de romero fresco muy picadito*
- ✓ *4 pechugas de pollo (680 g)*
- ✓ *60 g de queso brie partido en cuatro trozos*
- ✓ *1 kg de patatas nuevas troceadas*
- ✓ *2 dientes de ajo machacados*
- ✓ *2 cucharadas de leche desnatada*
- ✓ *2 cucharadas de crema agria ligera*

Preparación:

- En un cuenco, mezclar el tomate con el romero.
- Con un cuchillo pequeño y afilado, abrir un «bolsillo» en cada pechuga. Introducir en cada una la cuarta parte del tomate y el brie; cerrar la abertura superior con palillos.
- Hacer las pechugas a la plancha (con la sartén ligeramente aceitada), al grill o a la barbacoa, hasta que se doren y estén bien hechas; reservarlas tapadas para que no se enfríen.
- Mientras tanto, cocer las patatas en agua; escurrir. En un cuenco grande, aplastar las patatas con el ajo, la leche y la crema agria. Servir el pollo con el puré.

Sugerencia: Para ablandar los tomates deshidratados, echarlos en agua caliente; escurrirlos antes de mezclarlos con el romero.

Presentación y acompañamiento: Servir acompañado de una ensalada verde aliñada con vinagreta.

Pollo de la coronación

Ingredientes para 4 personas:

- ✓ *1 cucharada de aceite de oliva*
- ✓ *850 g de pechuga de pollo*
- ✓ *125 ml de mayonesa*
- ✓ *125 ml de crema agria*
- ✓ *90 g de chutney de mango*
- ✓ *2 cucharaditas de curry en polvo*
- ✓ *300 g de uvas blancas sin pepitas*
- ✓ *100 g de nueces peladas troceadas*

Preparación:

- Calentar el aceite en una cazuela; dorar bien el pollo por todos lados.
- Ponerlo en una fuente de horno mediana; tapar y hornear a 180-190 °C durante 20 minutos hasta que esté bien hecho. Dejar que se enfríe 10 minutos y cortarlo en diagonal, en lonchas de aproximadamente 5 mm de ancho.
- En un cuenco echar la mayonesa, la crema agria, el chutney y el curry; mezclar y batir.
- En una ensaladera, mezclar el pollo con las uvas, las nueces y el aliño.

Sugerencias: El aliño puede hacerse el día antes y guardarse, tapado, en el frigorífico. Esta ensalada sabrá incluso mejor si se hace con mayonesa casera. Si queda muy espesa, aclararla con una cucharada de agua tibia.

Presentación y acompañamiento: Servir como relleno de pan ácimo o pan de pita acompañado de una ensalada verde.

Huevos con leche de coco

Ingredientes para 4 personas:

- ✓ *2 cucharaditas de aceite vegetal*
- ✓ *1 cebolla grande (200 g) picada*
- ✓ *2 cucharaditas de jengibre fresco rallado*
- ✓ *1/4 de cucharadita de cardamomo molido*
- ✓ *1 cucharadita de cúrcuma molida*
- ✓ *1 guindilla cortada en aritos*
- ✓ *25 g de azúcar de palma*
- ✓ *400 ml de leche de coco*
- ✓ *2 cucharadas de zumo de lima*
- ✓ *8 huevos cocidos*
- ✓ *1/2 taza de cilantro fresco picado*

Preparación:

- Calentar el aceite en una sartén mediana. Echar la cebolla, el jengibre y las especias, y rehogar unos 3 minutos hasta que la cebolla esté blanda. Añadir la guindilla, el azúcar y la leche de coco; llevar a ebullición. Bajar el fuego y cocinar destapado 10 minutos moviendo de vez en cuando.
- Añadir a la salsa el zumo de lima, los huevos pelados y cortados por la mitad y el cilantro; calentarlo todo sin tapar 2 minutos.

Sugerencia: La salsa puede prepararse un día antes y guardarse tapada en el frigorífico hasta que se necesite, calentándola antes un poco. Añadir los huevos y el cilantro justo antes de servir.

Presentación y acompañamiento: Se puede acompañar con arroz hervido

Es un plato que sacia y se prepara rápido, lo que probablemente explica por qué hay una versión de esta receta en la mayoría de las cocinas orientales.

Chile con frijoles

Ingredientes para 4 personas:

- ✓ *1 cucharada de aceite de oliva*
- ✓ *1 cebolla morada grande picada*
- ✓ *1 1/2 cucharaditas de comino molido*
- ✓ *1 chile rojo picadito*
- ✓ *1 pimiento rojo pequeño troceado*
- ✓ *420 g de frijoles en conserva al estilo mexicano*
- ✓ *375 ml de agua*
- ✓ *2 cucharadas de concentrado de tomate*
- ✓ *310 g de maíz en conserva escurrido*
- ✓ *1 tomate mediano (190 g) troceado*
- ✓ *2 cucharaditas de zumo de lima*
- ✓ *1/4 de taza de perejil fresco picado*

Preparación:

- Calentar el aceite en una sartén grande. Echar la cebolla, el comino y el chile, y cocinar 3 minutos hasta que la cebolla esté blanda.
- Añadir el pimiento, los frijoles sin escurrir, el agua y el tomate concentrado; llevar a ebullición. Bajar el fuego y cocinar removiendo 5 minutos; la mezcla ha de espesarse ligeramente.
- Añadir el maíz, el tomate, el zumo de lima y el cilantro; calentar sin dejar de remover.

Sugerencia: Este plato puede prepararse con antelación y conservarse tapado en el frigorífico. Cuando se necesite calentarlo ligeramente en una cazuela o en el microondas justo antes de servir y después añadir el maíz, el tomate, el zumo y el cilantro.

Los frijoles o alubias al estilo mexicano que se venden en lata son una mezcla de alubias pintas o frijoles con pimiento y tomate.

Arroz frito tres delicias

Ingredientes para 4 personas:

- ✓ *2 huevos batidos*
- ✓ *aceite de oliva*
- ✓ *120 g de mazorquitas de maíz cortadas por la mitad*
- ✓ *1 apio (75 g) limpio y picadito*
- ✓ *1 pimiento rojo pequeño (150 g) limpio y picadito*
- ✓ *2 dientes de ajo machacados*
- ✓ *140 g de jamón de york en trozos grandes*
- ✓ *1 cucharada de kecap manis*
- ✓ *4 cebolletas picaditas*
- ✓ *200 g de arroz*

Preparación:

- Calentar una sartén antiadherente mediana y echar los huevos. Cuajar una tortilla a fuego medio, enrollarla y cortarla en trocitos; reservar.
- Engrasar ligeramente un wok o una sartén antiadherente honda; saltear las mazorquitas y el apio 2 minutos. Añadir el pimiento, el ajo y el jamón; saltear 2 minutos más. Agregar el arroz y el kecap manis; saltear hasta que todo esté caliente. Por último, agregar la cebolleta y la tortilla; servir inmediatamente.

Sugerencia: Si se desea dar un toque picante, se puede añadir guindilla fresca picada.

Presentación y acompañamiento: Se puede acompañar con verduras de hoja cocidas al vapor u hortalizas salteadas.

Kecap manis es una salsa de soja espesa originaria de Indonesia.

Pasta con cordero, espárragos y aliño de ajo y limón

Ingredientes para 4 personas:

- ✓ *375 g de linguine*
- ✓ *375 g de filetes de cordero*
- ✓ *500 g de espárragos verdes limpios y troceados*
- ✓ *1/3 de taza de ralladura de limón*
- ✓ *4 dientes de ajo machacados*
- ✓ *1 taza de perejil fresco picado*
- ✓ *125 ml de zumo de limón*
- ✓ *8 cebolletas en rodajitas finas*
- ✓ *1 cucharada de aceite de oliva*

Preparación:

- Cocer la pasta en una cazuela grande con agua hirviendo, hasta que esté al dente; escurrir. Ponerla en una ensaladera y taparla para conservar el calor.
- Entre tanto, hacer el cordero en una plancha ligeramente aceitada, en el grill o en la barbacoa. Tapar,dejar reposar unos 5 minutos y después cortarlo en lonchitas.
- Cocer los espárragos en agua hasta que estén tiernos; escurrir.
- Mezclar los ingredientes restantes en un cuenco y verter la mezcla sobre la pasta. Añadir el cordero y los espárragos; remover.

Sugerencia: Este plato se puede servir caliente o a temperatura ambiente. Si no se va a consumir en el momento, no mezclar los ingredientes porque la pasta absorbería el aliño.

Ternera a la naranja con endibias

Ingredientes para 4 personas:

- ✓ *500 g de solomillo de ternera*
- ✓ *135 g de mermelada de naranja*
- ✓ *125 ml de zumo de naranja*
- ✓ *2 cucharadas de azúcar moreno*
- ✓ *1 diente de ajo machacado*
- ✓ *2 naranjas medianas (480 g)*
- ✓ *2 cucharadas de aceite de cacahuete*
- ✓ *80 g de almendras crudas sin piel*
- ✓ *2 cebolletas cortadas en rodajas finas*
- ✓ *1 kg de endibias*
- ✓ *60 ml más de zumo de naranja*

Preparación:

- Cortar el solomillo en filetes muy finos; mezclarlos con la mermelada, el zumo, el azúcar y el ajo. Tapar y refrigerar 3 horas o toda la noche.
- Escurrir la carne sobre un cuenco y reservar el adobo. Pelar muy bien las naranjas, quitándoles la parte blanca y los pipos; cortarlas en rodajas de 1 cm de grosor.
- Calentar el aceite en una sartén grande; dorar las almendras, removiendo. Pasarlas a una ensaladera.
- En la misma sartén, saltear la carne hasta que esté un poco dorada. Echarla en la ensaladera con las almendras.
- Dorar las rodajas de naranja y añadirlas a la ensaladera junto con las cebolletas; remover.
- Echar el adobo en la sartén, llevarlo a ebullición y dejar que hierva 1 minuto.
- Repartir las hojas de endibia entre los platos; poner encima la ensalada de ternera y aliñar con el adobo ya frío mezclado con el zumo de naranja adicional.

Pilaf con especias y frutos secos al estilo tunecino

Ingredientes para 4 personas:

- ✓ *40 g de mantequilla clarificada*
- ✓ *1 diente de ajo machacado*
- ✓ *2 cucharaditas de canela molida*
- ✓ *una pizca de hebras de azafrán*
- ✓ *1 cucharada de comino molido*
- ✓ *1 cucharada de cilantro molido*
- ✓ *400 g de arroz basmati*
- ✓ *500 ml de caldo de verduras*
- ✓ *500 ml de agua*
- ✓ *2 cebollas grandes en tiras finas*
- ✓ *2 zanahorias medianas en rodajas gruesas*
- ✓ *35 g de pistachos pelados tostados*
- ✓ *40 g de piñones pelados tostados*

Preparación:

- Fundir la mitad del ghee en una cazuela grande; echar el ajo y las especias, y remover hasta que suelten su aroma. Añadir el arroz y cocinar 1 minuto removiendo de vez en cuando.
- Agregar el caldo y el agua; llevar a ebullición. Bajar el fuego y mantener tapado 15 minutos o hasta que el arroz esté tierno. Retirar del fuego y dejar que repose, tapado, 10 minutos.
- Mientras tanto, fundir el resto del ghee en una sartén mediana y rehogar la cebolla hasta que esté dorada. Retirarla de la sartén.
- Echar la zanahoria y cocinarla removiendo hasta que esté tierna.
- Añadir al arroz la cebolla, la zanahoria y los frutos secos.

Sugerencia: Se puede emplear cualquier variedad de arroz de grano largo. El pilaf puede prepararse un día antes y calentarlo después en el microondas.

Trigo sarraceno con setas

Ingredientes para 4 personas:

- ✓ *60 g de mantequilla*
- ✓ *1 cebolla grande (200 g) picadita*
- ✓ *260 g de trigo sarraceno*
- ✓ *625 ml de caldo de verduras*
- ✓ *2 cucharadas de aceite de oliva*
- ✓ *250 g de champiñones cortados en laminitas*
- ✓ *250 g de setas planas cortadas en tiras*
- ✓ *150 g setas de cardo cortadas en tiras*
- ✓ *2 dientes de ajo machacados*
- ✓ *1/3 de taza de cebollino fresco picado*

Preparación:

- Calentar la mitad de la mantequilla en una sartén pequeña y rehogar la cebolla 2 minutos. Añadir el trigo y el caldo, y llevar a ebullición. Bajar el fuego y cocer tapado 10 minutos. Destapar y dejar al fuego 5 minutos más o hasta que el cereal absorba el líquido y esté tierno.
- Mientras tanto, rehogar en el resto de la mantequilla las setas y el ajo durante 10 minutos hasta que las setas y los champiñones queden tiernos y el líquido se evapore. Mezclarlas con el trigo sarraceno y añadir el cebollino antes de servir.

Presentación y acompañamiento: Servir con ensalada de patata y remolacha.

Esta receta se inspira en el kasha ruso, un plato a base de cereales como el trigo sarraceno o alforfón, el mijo y la avena. El trigo sarraceno se puede comprar en los herbolarios.

Salmón en papillote

Ingredientes para 4 personas:

- ✓ *4 filetes de salmón de 200 g cada uno*
- ✓ *2 cucharadas de zumo de limón*
- ✓ *1 cucharada de alcaparras troceadas*
- ✓ *2 cucharaditas de eneldo fresco picado*
- ✓ *1,2 kg de patatas nuevas grandes*

Preparación:

- Calentar el horno a 200-210 °C.
- Colocar cada filete sobre un trozo cuadrado de papel de aluminio lo bastante grande como para envolverlo por completo; repartir sobre los filetes el zumo de limón, las alcaparras y el eneldo. Envolver los filetes en sus paquetitos de papel.
- Ponerlos en la bandeja del horno y hornear 15 minutos. Antes de servir, quitar el papel de aluminio.
- Mientras se hace el pescado, cocer en agua, al vapor o en el microondas las patatas en rodajas hasta que estén tiernas; escurrir. Servirlas con el salmón.

Sugerencia: Usar unas pinzas para quitar todas las espinas al salmón.

Presentación y acompañamiento: Acompañar con una ensalada verde.

Pescado crujiente con ensalada de tomate templada

Ingredientes para 4 personas:

- *aceite en* spray
- *1 cebolla morada*
- *250 g de tomates cherry*
- *60 ml de vinagre de vino blanco*
- *2 dientes de ajo*
- *55 g de copos de maíz machacados*
- *1 cucharadita de comino en polvo*
- *1 cucharadita de pimentón dulce*
- *1 cucharadita de cúrcuma en polvo*
- *4 filetes de pescado blanco*
- *35 g de harina de trigo*
- *2 claras de huevo ligeramente batidas*
- *150 g de espinacas tiernas*
- *50 g de alcaparras escurridas*

Preparación:

- Calentar el horno a 220-230 °C.
- Engrasar ligeramente la bandeja del horno. Cortar la cebolla en cuñas finas y extenderlas junto a los tomates en la bandeja; regar con el vinagre y el ajo mezclados. Asar sin tapar durante 20 minutos hasta que se ablanden los tomates.
- Mezclar en un cuenco los copos de maíz machacados y las especias.
- Pasar el pescado por harina y sacudirlo para eliminar el exceso. Bañarlo después en las claras de huevo y rebozarlo con la mezcla de copos de maíz y especias. Rociar cada filete por ambos lados con aceite y freírlos, sin tapa, en una sartén antiadherente grande hasta que estén dorados y bien hechos.
- Mezclar las espinacas y las alcaparras en una ensaladera con el tomate y la cebolla asados; servir junto al pescado.

Sugerencia: El pescado se puede rebozar 2 horas antes de cocinarlo; taparlo y conservarlo en la nevera.

Tacos de ternera y frijoles

Ingredientes para 4 personas:

- *1 diente de ajo machacado*
- *80 g de carne de ternera magra picada*
- *1/2 cucharadita de pimentón picante*
- *una pizca de comino*
- *300 g de frijoles (o alubias pintas) en conserva aclarados y escurridos*
- *2 cucharadas de concentrado de tomate*
- *125 ml de agua*
- *1 tomate mediano troceado*
- *4 tortillas para tacos*
- *1/4 de lechuga iceberg cortada en tiras finitas*

Salsa:

- *1/2 pepino sin semillas muy picadito*
- *1/2 cebolla morada pequeña muy picadita*
- *1 tomate pequeño sin semillas muy picadito*
- *1 cucharadita de salsa de chile suave*

Preparación:

- Calentar el horno a 180-190 °C.
- Poner al fuego una sartén grande antiadherente ligeramente aceitada; freír la carne y el ajo, removiendo, hasta que la carne se haga. Añadir el pimentón, el comino, los frijoles, el concentrado de tomate, el agua y los trozos de tomate. Cocer, sin tapar, a fuego lento durante15 minutos hasta que espese un poco.
- Mientras tanto, tostar los tacos, sin taparlos, en el horno durante 5 minutos (dándoles la vuelta una vez).
- Justo antes de servir, rellenar los tacos con carne, lechuga y salsa.

Salsa:

- Mezclar bien todos los ingredientes de la salsa en un cuenco.

Ñoquis con salsa de champiñones y hierbas

Ingredientes para 4 personas:

- *1 cucharada de aceite vegetal*
- *1 cebolla mediana en trozos grandes*
- *2 dientes de ajo machacados*
- *400 g de champiñones en laminitas*
- *1 cucharada de harina*
- *80 ml de vino tinto seco*
- *2 cucharaditas de salsa de soja*
- *160 ml de caldo de verduras*
- *1 cucharada de nata agria ligera*
- *1 cucharada de orégano fresco picado*
- *1 cucharada de salvia fresca picadita*
- *600 g de ñoquis de patata frescos*

Preparación:

- Calentar el aceite en una sartén; rehogar la cebolla, el ajo y los champiñones, removiendo, hasta que estén tiernos. Sin retirar la sartén del fuego, agregar la harina y remover durante 1 minuto.
- Añadir el vino, la salsa de soja, el caldo y la nata; remover hasta que la salsa se espese un poco. Echar las hierbas aromáticas.
- Mientras, cocer los ñoquis en una cazuela grande con agua hirviendo, sin tapar, hasta que los ñoquis queden flotando en la superficie y estén tiernos; escurrir. Añadir los ñoquis a la salsa y remover para mezclar bien.

Sugerencia: Se pueden utilizar otras setas en lugar de champiñones.

Presentación y acompañamiento: Este plato va bien con pan crujiente y con ensalada verde aliñada con vinagreta de hierbas.

Patatas horneadas con guarnición de tomate

Ingredientes para 4 personas:

- ✓ *1 kg de patatas nuevas grandes*
- ✓ *aceite en* spray
- ✓ *1 cucharadita de sal*
- ✓ *1 cucharadita de pimienta negra recién molida*
- ✓ *4 tomates medianos picaditos*
- ✓ *1 cebolla pequeña muy picadita*
- ✓ *2 cucharadas de azúcar moreno*
- ✓ *2 cucharadas de vinagre de vino tinto*
- ✓ *1 cucharadita de mostaza en polvo*

Preparación:

- Calentar el horno a 240-250 °C.
- Cortar las patatas por la mitad a lo largo y luego en cuñas. Extenderlas en una sola capa en una bandeja para horno; rociarlas con el aceite y salpimentar. Hornear, sin tapar, unos 30 minutos, removiendo de vez en cuando, hasta que las patatas estén doradas y crujientes.
- Entre tanto, en una cazuela mediana poner al fuego el tomate, la cebolla, el azúcar, el vinagre y la mostaza. Cuando empiece a hervir, bajar el fuego y dejar cocer suavemente, sin tapar, 30 minutos hasta que la salsa espese.

Cebiche

Ingredientes para 4 personas:

- ✓ *1 kg de corvina en filetes*
- ✓ *375 ml de zumo de lima*
- ✓ *40 g de chiles jalapeños en conserva troceados*
- ✓ *6 cl de aceite de oliva*
- ✓ *1 tomate grande (250 g) troceado*
- ✓ *1/4 de taza de hojas de cilantro frescas troceadas*
- ✓ *1 cebolla pequeña (80 g) picadita*
- ✓ *1 diente de ajo machacado*

Preparación:

- Quitar la piel y las espinas del pescado; cortarlo en trozos de 3 cm.
- En una ensaladera de cristal o porcelana vitrificada, mezclar el pescado con el zumo de lima; tapar y refrigerar 4 horas o durante toda la noche.
- Escurrir el pescado y desechar el zumo. Volver a poner el pescado en la ensaladera y agregar los ingredientes restantes; mezclar bien y refrigerar 1 hora.

Sugerencia: El pescado se debe marinar en un recipiente de cristal o de porcelana vitrificada, para evitar el regusto metálico que daría un recipiente de acero o aluminio. El pescado debe quedar totalmente cubierto por el zumo.

El cebiche es una ensalada de pescado muy consumida en toda Iberoamérica. Aunque al marinar el pescado en zumo de lima parece que queda cocido, hay que tener en cuenta que está crudo. La corvina se puede sustituir por otro pescado blanco fresco. Se necesitan unas 10 limas para hacer el zumo.

Risoni a la marinera

Ingredientes para 4 personas:

- ✓ *12 gambas crudas grandes*
- ✓ *12 mejillones pequeños*
- ✓ *300 g de calamares limpios*
- ✓ *2 cucharaditas de aceite de oliva*
- ✓ *1 cebolla grande muy picadita*
- ✓ *2 dientes de ajo machacados*
- ✓ *1 pimiento rojo grande cortado en tiras finas*
- ✓ *375 g de risoni*
- ✓ *375 ml de agua*
- ✓ *375 ml de caldo de pollo*
- ✓ *125 ml de vino blanco seco*
- ✓ *unas hebras de azafrán*
- ✓ *125 g de guisantes*
- ✓ *1 tomate grande sin semillas cortado finito*

Preparación:

- Pelar las gambas, dejándoles la cola. Raspar los mejillones para quitarles bien las barbas. Cortar los calamares por el centro, a lo largo, y luego en tiras horizontales.
- Calentar el aceite en una cazuela grande; sofreír la cebolla, el ajo y el pimiento, removiendo, unos 3 minutos hasta que se ablande la cebolla. Añadir los risoni y remover bien para que se impregnen del sofrito.
- Incorporar el agua, el caldo, el vino y el azafrán; llevar a ebullición. Cocer después a fuego lento, sin tapar, hasta que no quede caldo y los risoni estén tiernos. Remover de vez en cuando.
- Añadir las gambas, los mejillones, el calamar, los guisantes y el tomate; cocinar, tapado, hasta que las gambas cambien de color y los mejillones se abran (hay que desechar los que se queden cerrados).

Sugerencia: Los risoni son un tipo de pasta italiana, en forma de granos de arroz, que se usa para sopas. Se puede sustituir por cualquier pasta grande para sopa.

Pimientos rellenos de cuscús

Ingredientes para 4 personas:

- *4 pimientos rojos grandes (1,4 kg)*
- *300 g de cuscús*
- *375 ml de agua hirviendo*
- *75 g de pistachos pelados*
- *70 g de almendras sin piel tostadas*
- *75 g de pasas*
- *180 ml de caldo de verduras*
- *200 g de garbanzos en conserva aclarados y escurridos*
- *2 cucharadas de cilantro fresco picado*
- *210 g de yogur*
- *1 pepino (130 g) picadito*

Preparación:

- Cortar la parte superior de los pimientos y reservarla; limpiarlos de semillas y membranas. Poner los pimientos en un recipiente grande para microondas y cocinarlos, tapados, durante 2 minutos a la máxima potencia; enfriar. Precalentar el horno a temperatura media (200-210 °C).
- Echar el cuscús con el agua hirviendo en una cazuela grande; tapar y dejar reposar 5 minutos o hasta que el cuscús absorba el agua, removiendo de vez en cuando con un tenedor. Añadir los frutos secos, las pasas, el caldo, los garbanzos y el cilantro; remover bien.
- Rellenar con esta mezcla los pimientos y ponerles de nuevo la parte de arriba. Colocarlos sobre una fuente de horno engrasada y asarlos a temperatura media durante 20 minutos.
- Mientras tanto, mezclar el yogur y el pepino en un cuenco. Servir los pimientos rellenos con la salsa de yogur.

Sugerencia: El relleno puede prepararse la víspera y guardarse tapado en el frigorífico hasta el momento de usarlo.

Pato a la barbacoa con papaya y aliño de chile dulce

Ingredientes para 4 personas:

- *1 kg de pato a la barbacoa*
- *4 cebolletas picadas*
- *1 papaya pequeña sin semillas y troceada*
- *50 g de pistachos pelados tostados*
- *80 g de mizuna*

Aliño de chile dulce:

- *6 cl de aceite de cacahuete*
- *60 ml de zumo de lima*
- *2 cucharadas de salsa de chile dulce*
- *1 cucharada de jengibre fresco rallado*
- *1/2 cucharadita de aceite de sésamo*
- *1/2 guindilla sin semillas picadita*

Preparación:

- Separar toda la carne y la piel del pato; desechar los huesos. Eliminar la capa de grasa de la parte inferior de la piel. Cortar la carne y la piel en tiras.
- En una ensaladera, mezclar el pato, las cebolletas, la papaya, los pistachos, la mizuna y el aliño.

Aliño de chile dulce:

- Mezclar los ingredientes en un frasco de cristal con tapa y agitar.

Sugerencia: Las guindillas frescas se pueden guardar en el congelador; estarán siempre a mano cuando se necesiten y además resultarán más fáciles de cortar mientras están congeladas.

El pato a la barbacoa ya preparado se puede comprar en establecimientos de productos asiáticos o en restaurantes que preparen comida para llevar. Se puede sustituir por pollo a la barbacoa.

Setas rellenas gratinadas

Ingredientes para 4 personas:

- ✓ *4 patatas medianas (800 g) troceadas*
- ✓ *125 g de guisantes congelados*
- ✓ *2 cucharadas de agua*
- ✓ *1 cebolla grande (200 g) muy picadita*
- ✓ *2 dientes de ajo machacados*
- ✓ *1 guindilla picadita*
- ✓ *4 setas grandes y planas (600 g)*
- ✓ *2 cucharadas de nata*
- ✓ *30 g de mantequilla*
- ✓ *55 g de queso cheddar rallado grueso*
- ✓ *50 g más de mantequilla fundida*
- ✓ *1/4 de taza de perejil fresco picado*

Preparación:

- Hervir o preparar en el microondas las patatas y los guisantes, por separado, hasta que estén tiernos; escurrir.
- Mezclar en un cazo el agua, la cebolla, el ajo y la guindilla; rehogar, removiendo de vez en cuando, hasta que la cebolla esté blanda.
- Mientras tanto, limpiar bien las setas y desechar los pies.
- Hacer un puré con las patatas, los guisantes, la nata y la mantequilla. Añadir el sofrito de cebolla, el queso y el perejil; mezclar bien.
- Untar bien los sombreros de las setas con la mantequilla fundida. Cocinarlas sobre una plancha caliente y aceitada hasta que estén tiernas. Repartir el puré sobre las setas y ponerlas a gratinar 10 minutos hasta que el puré se dore.

Sugerencia: Resulta más fácil y rápido rellenar las setas con ayuda de una manga pastelera.

Presentación y acompañamiento: Servir con una ensalada templada de brécol, pimiento y tofu o con una de espinacas y tomate.

Salteado de pollo, tallarines y setas

Ingredientes para 4 personas:

- ✓ *500 g de tallarines hokkien*
- ✓ *500 g de filetes de pollo de contramuslo troceados*
- ✓ *1 diente de ajo machacado*
- ✓ *200 g de ramitos de brécol*
- ✓ *150 g de setas de cardo cortadas por la mitad*
- ✓ *1 cebolla morada mediana (170 g) cortada en tiras*
- ✓ *200 g de tirabeques*
- ✓ *60 ml de salsa de ostras*
- ✓ *3 cucharadas de aceite de cacahuete*

Preparación:

- Pasar los tallarines por agua caliente y escurrirlos. Echarlos en una ensaladera grande y separarlos con un tenedor.
- Saltear el pollo en un wok precalentado y con un poquito de aceite (vale una sartén antiadherente honda) por tandas, hasta que esté dorado por todas partes y bien hecho.
- Saltear también el ajo, el brécol, las setas y la cebolla hasta que ésta esté blanda. Echar de nuevo el pollo en el wok con los tallarines, los tirabeques y la salsa de ostras; saltear hasta que las verduras empiecen a estar tiernas (pero aún crujientes).

Los tallarines de trigo llamados hokkien pueden encontrarse en tiendas especializadas en productos asiáticos.

Pato con rollitos crujientes de wonton

Ingredientes para 4 personas:

- ✓ *1 kg de pechuga de pato*
- ✓ *2 cucharadas de salsa hoisin*
- ✓ *2 cucharadas de salsa de ciruela*
- ✓ *10 láminas de masa wonton*
- ✓ *aceite vegetal para freír*
- ✓ *1 zanahoria grande*
- ✓ *4 cebolletas picadas*
- ✓ *80 g de brotes de tirabeques*
- ✓ *2 pepinos medianos sin semillas cortados en rodajas finas*

Aliño de ciruela y hoisin:

- ✓ *1 cucharada de salsa hoisin*
- ✓ *1 cucharada de salsa de ciruela*
- ✓ *2 cucharadas de vinagre de arroz*
- ✓ *2 cucharadas de aceite de cacahuete*

Preparación:

- Colocar el pato en una fuente de horno grande; con una brocha, untarlo con las dos salsas. Hornearlo, sin cubrir, a 180-190 °C unos 45 minutos o hasta que esté bien hecho. Retirar el pato de la bandeja y escurrirlo sobre papel de cocina. Cuando se enfríe lo suficiente como para tocarlo, cortarlo en filetes de 5 mm de grosor.
- Mientras tanto, formar un cilindro con cada lámina y cortarlo en secciones de 5 mm.
- Calentar el aceite en una freidora o una sartén honda; dorar los rollitos y escurrirlos sobre papel de cocina.
- Con el pelador de verduras, cortar la zanahoria en tiras finitas.
- En una ensaladera mezclar los rollitos, la zanahoria, las cebolletas, los brotes de tirabeque y la mitad del aliño; repartir esta mezcla en los platos y poner encima capas alternas de pato y pepino; regar con el aliño restante.

Aliño de ciruela y hoisin:

- Mezclar los ingredientes en un frasco de cristal con tapa y agitar bien.

Pastelillos de cuscús con verduras

Ingredientes para 4 personas:

- ✓ *1 1/2 cucharadas de aceite de oliva*
- ✓ *1 cebolla morada cortada en rodajas*
- ✓ *3 berenjenas enanas (180 g) en rodajas gruesas*
- ✓ *2 calabacines medianos (240 g) en trozos grandes*
- ✓ *250 g de tomates cherry*
- ✓ *250 g de tomates pera amarillos*
- ✓ *60 ml de vinagre balsámico*
- ✓ *1 diente de ajo machacado*
- ✓ *300 g de cuscús*
- ✓ *375 ml de agua hirviendo*
- ✓ *20 g de queso parmesano rallado*
- ✓ *2 cucharadas de albahaca fresca picada*
- ✓ *60 g de mantequilla*

Preparación:

- Calentar 2 cucharaditas de aceite en una sartén grande y rehogar la cebolla, la berenjena y los calabacines, removiendo, hasta que estén tiernos.
- Añadir los tomates, el vinagre, el ajo y el aceite restante; cocinar moviendo de vez en cuando durante 10 minutos hasta que los tomates estén blandos.
- Mientras tanto, en un recipiente echar el cuscús con el agua hirviendo, tapar y dejar reposar 5 minutos hasta que haya absorbido el agua, moviéndolo de vez en cuando con un tenedor. Agregar la albahaca y el queso.
- Calentar la mitad de la mantequilla en una sartén grande y hacer 8 pastelillos con el cuscús; pueden utilizarse moldes para darles forma. Cocinarlos hasta que se doren ligeramente por ambos lados.
- Servir las verduras con los pastelillos de cuscús.

Sugerencia: El cuscús puede prepararse la víspera, pero hay que hacer los pasteles justo antes de servirlos.

Ñoquis con calabaza y mantequilla tostada

Ingredientes para 4 personas:

- ✓ *500 g de calabaza troceada*
- ✓ *1 kg de ñoquis*
- ✓ *100 g de mantequilla*
- ✓ *1 cucharada de aceite de oliva*
- ✓ *1 diente de ajo machacado*
- ✓ *1 cucharada de salvia fresca cortada en tiritas*

Preparación:

- Precalentar el horno a temperatura media (180-190 °C).
- Cortar la calabaza en dados de 1 cm. Ponerlos en una fuente de horno engrasada y asarlos durante unos 15 minutos hasta que estén tiernos.
- Mientras tanto, cocer los ñoquis, sin tapar, en una cazuela grande con agua hirviendo; escurrirlos y mantenerlos calientes.
- Fundir la mantequilla con el aceite en una sartén mediana; echar el ajo y rehogarlo durante 2 minutos. Añadir la salvia y remover hasta que la mantequilla esté espumosa.
- Mezclar la calabaza con los ñoquis y la mantequilla en una ensaladera y remover con cuidado.

Sugerencia: La calabaza puede hacerse en el microondas para reducir el tiempo de cocción.

Presentación y acompañamiento: Servir con una ensalada de rucola y queso parmesano rallado o en láminas finas.

Pollo al chile dulce con arroz

Ingredientes para 4 personas:

- ✓ *2 cucharaditas de jengibre fresco rallado*
- ✓ *3 dientes de ajo machacados*
- ✓ *1 cucharada de hierba limón fresca picadita*
- ✓ *60 ml de salsa de chile dulce*
- ✓ *60 ml de zumo de lima*
- ✓ *1/2 taza de hojas de cilantro fresco picadas*
- ✓ *4 filetes de pechuga de pollo (680 g)*
- ✓ *150 g de arroz de grano largo*
- ✓ *250 ml de caldo de pollo*
- ✓ *2 cucharadas de maicena*

Preparación:

- En una ensaladera, mezclar el jengibre, el ajo, la hierba limón, la salsa de chile, el zumo de lima y la mitad del cilantro; poner el pollo en este adobo, tapar y dejarlo en la nevera 3 horas o toda la noche.
- Escurrir el pollo y reservar el adobo. Calentar una sartén antiadherente grande y hacer el pollo sin tapar hasta que esté dorado y bien hecho; cortarlo en trozos grandes.
- Hervir el arroz hasta que esté tierno, escurrirlo si es necesario y añadirle el resto del cilantro.
- Mientras, mezclar 2 cucharadas de caldo con la maicena en una taza; echar el resto del caldo en una cazuela mediana junto al adobo reservado y llevarlo a ebullición. Bajar el fuego y agregar la maicena. Cocer unos 5 minutos hasta que la salsa hierva y se espese.
- Servir el pollo sobre el arroz y regar con la salsa.

Sugerencia: Usar sólo la parte blanca inferior de cada tallo de hierba limón.

Macarrones con tomate y atún

Ingredientes para 4 personas:

- ✓ *375 g de macarrones*
- ✓ *3 tomates medianos (570 g) sin semillas*
- ✓ *1 cebolla morada mediana (170 g)*
- ✓ *2 dientes de ajo*
- ✓ *unas hojas de albahaca fresca*
- ✓ *425 g de atún al natural escurrido*
- ✓ *60 ml de vinagre balsámico*

Preparación:

- Cocer la pasta en una cazuela grande con agua hirviendo, sin tapar, hasta que se ablande. Escurrir y conservar caliente.
- Mezclar el tomate en trocitos, la cebolla picada, el ajo machacado, la albahaca picadita, el atún desmigado, los macarrones y el vinagre balsámico en una ensaladera; remover bien.

Sugerencia: Se puede utilizar cualquier tipo de pasta.

Presentación y acompañamiento: Se puede acompañar con pan de chapata y una ensalada verde.

Espaguetis con tomate y judías blancas

Ingredientes para 4 personas:

- ✓ *80 ml de caldo de verduras*
- ✓ *1 cebolla morada pequeña picadita*
- ✓ *2 dientes de ajo machacados*
- ✓ *250 ml de vino blanco seco*
- ✓ *1/2 cucharadita de azúcar*
- ✓ *500 ml de salsa de tomate*
- ✓ *375 g de espaguetis*
- ✓ *1 cucharada de orégano fresco picado*
- ✓ *2 cucharadas de alcaparras escurridas y troceadas*
- ✓ *60 g de aceitunas negras deshuesadas cortadas en cuartos*
- ✓ *300 g de judías blancas en conserva aclaradas y escurridas*
- ✓ *2 cucharadas de perejil fresco picado*

Preparación:

- Calentar la mitad del caldo en una cazuela mediana; rehogar el ajo y la cebolla hasta que ésta se ponga transparente. Añadir el vino, el resto del caldo, el azúcar y el tomate; llevar a ebullición. Bajar el fuego y cocer sin tapar hasta que la salsa se espese un poco.
- Cocer la pasta en una cazuela grande con agua hirviendo, sin tapar, hasta que esté al dente; escurrir.
- Mientras, añadir el resto de los ingredientes a la salsa; cocer, removiendo de vez en cuando, hasta que se caliente bien. Servir los espaguetis con la salsa de tomate y judías.

Sugerencia: La salsa puede hacerse el día antes; guardarla tapada en la nevera.

Batata glaseada con miel y mostaza

Ingredientes para 4 personas:

- ✓ *2 batatas grandes (1 kg)*
- ✓ *2 cebollitas francesas cortadas por la mitad*
- ✓ *125 ml de miel*
- ✓ *2 cucharadas de vinagre balsámico*
- ✓ *2 cucharadas de mostaza a la antigua*
- ✓ *1 cucharada de agua*
- ✓ *1 cucharada de aceite de cacahuete*
- ✓ *1 cucharada de jengibre fresco rallado*
- ✓ *50 g de rucola*

Preparación:

- Cortar las batatas en rodajas de 1 cm de grosor. Echarlas, junto con la cebolla, en un cuenco grande. Mezclar la miel con el vinagre, la mostaza, el agua, el aceite y el jengibre y echar esta mezcla en el cuenco junto con la batata y la cebolla; remover. Luego sacar las verduras y reservar la mezcla.
- Disponer las rodajas de batata y las cebollas en una fuente para horno forrada de papel de aluminio. Hornearlas a 200-210 °C durante 35 minutos, pintándolas durante la cocción con la mezcla de miel y mostaza, hasta que las verduras estén doradas. Servirlas con las hojas de rucola.

Sugerencia: Preparar este plato inmediatamente antes de servirlo.

Pasta con champiñones cremosos

Ingredientes para 4 personas:

- *375 g de conchitas*
- *60 ml de caldo de verduras*
- *1 diente de ajo machacado*
- *500 g de champiñones en laminitas*
- *125 g de guisantes congelados*
- *4 cebolletas picaditas*
- *1 l de leche desnatada*
- *1 1/2 cucharadas de maicena*
- *2 cucharadas de agua*
- *1/4 de taza de perejil fresco cortado*
- *1 cucharada de mostaza a la antigua*
- *40 g de parmesano rallado*
- *2 cucharadas de cebollino fresco picado*

Preparación:

- Cocer la pasta en una cazuela grande con agua hirviendo, sin tapar, hasta que esté blanda; escurrir y conservar caliente.
- En una cazuela grande, dar un hervor al caldo y echar el ajo y los champiñones; cocer hasta que los champiñones se ablanden y se evapore el líquido. Añadir los guisantes y la mitad de la cebolleta y rehogar.
- Agregar la leche y la maicena mezclada con el agua; cocer a fuego lento y removiendo hasta que la salsa hierva y se espese un poco.
- Retirar la cazuela del fuego; añadir la pasta, el resto de la cebolleta, el perejil, la mostaza y el queso. Servir con el cebollino por encima.

Sugerencias: Mezclar la pasta con la salsa justo antes de servir; si se mezcla antes, la pasta absorberá toda la salsa.

Se pueden usar otras setas en vez de champiñones.

Presentación y acompañamiento: Se puede acompañar con un poco de pan de hogaza tostado.

Pastel de espinacas y queso

Ingredientes para 4 personas:

- ✓ *200 g de hojas de espinaca*
- ✓ *2 cucharadas de aceite de oliva*
- ✓ *1 cebolla mediana (150 g) picada*
- ✓ *1 diente de ajo machacado*
- ✓ *2 cucharaditas de piel de limón rallada*
- ✓ *1/4 de taza de perejil fresco picado*
- ✓ *1/4 de taza de eneldo fresco picado*
- ✓ *2 cucharadas de menta picada*
- ✓ *300 g de queso ricotta*
- ✓ *2 láminas de pasta de hojaldre*

Preparación:

- Precalentar el horno a una temperatura muy alta (240-250 °C).
- Cocer ligeramente las espinacas en agua o al microondas; presionarlas para eliminar todo el líquido posible y escurrirlas en papel de cocina.
- Calentar el aceite en una sartén pequeña y echar la cebolla y el ajo; rehogarlos hasta que la cebolla esté blanda.
- Poner en una ensaladera las espinacas con la cebolla, la ralladura de limón, las hierbas y el queso; mezclarlo todo bien.
- Engrasar un par de bandejas y meterlas en el horno 5 minutos para que se calienten. Extender una lámina de hojaldre en cada bandeja y repartir el relleno entre ambas, dejando un borde de 3 cm libres alrededor. Unir los bordes de la pasta cubriendo el relleno.
- Hornear los pasteles a temperatura fuerte durante 20 minutos hasta que la pasta esté dorada.

Sugerencia: Lo ideal es usar una bandeja para pizza con agujeros en la base, así la pasta se hace toda por igual.

Pollo especiado con ensalada de lentejas

Ingredientes para 4 personas:

- ✓ *2 cucharaditas de comino en polvo*
- ✓ *2 cucharaditas de cilantro en polvo*
- ✓ *1 cucharadita de cúrcuma en polvo*
- ✓ *12 filetitos de pechuga de pollo*
- ✓ *300 g de lentejas rojas*
- ✓ *1 diente de ajo machacado*
- ✓ *1 guindilla limpia picadita*
- ✓ *1 pepino sin semillas picadito*
- ✓ *1/2 pimiento rojo (200 g) picadito*
- ✓ *60 ml de zumo de limón*
- ✓ *2 cucharaditas de aceite de cacahuete*
- ✓ *2 cucharadas de hojas de cilantro frescas picadas*
- ✓ *2 limas en rodajas*

Preparación:

- En un recipiente mediano, mezclar las especias con el pollo y remover para que el pollo se reboce bien.
- Hervir las lentejas en una cazuela grande con agua, sin tapar, hasta que se ablanden; escurrir. Pasarlas por agua fría; escurrir de nuevo. Echarlas en una ensaladera junto al ajo, la guindilla, el pepino, el pimiento, el zumo de limón, el aceite y el cilantro fresco.
- Mientras, calentar una sartén o plancha ligeramente engrasada y cocinar el pollo hasta que esté dorado por ambos lados y bien hecho por dentro. Echar las rodajas de lima en la sartén y hacerlas por ambos lados. Servir el pollo con la ensalada de lentejas y las rodajas de lima.

Sugerencia: En lugar de guindilla, se puede echar una cucharada de harissa a las lentejas.

Presentación y acompañamiento: Servir acompañado de pan ácimo como plato principal de un almuerzo veraniego.

Frittata de atún con espárragos

Ingredientes para 4 personas:

- *5 patatas medianas (1 kg) en rodajas finas*
- *1 cebolla mediana (150 g) en rodajas finas*
- *1 diente de ajo machacado*
- *250 g espárragos trigueros limpios cortados en trozos grandes*
- *425 g de atún al natural escurrido*
- *4 huevos ligeramente batidos*
- *4 claras de huevo ligeramente batidas*
- *2 cucharadas de perejil fresco picadito*
- *aceite de oliva*

Preparación:

- Cocer al vapor las patatas.
- Rehogar la cebolla y el ajo en una sartén antiadherente pequeña, removiendo, hasta que la cebolla se ablande.
- Mezclar la patata y la cebolla en una ensaladera con los espárragos, el atún, los huevos, las claras y el perejil.
- Calentar la misma sartén y engrasarla ligeramente. Echar la mezcla para la frittata a cucharadas y apretarla con fuerza. Cocinarla, sin tapar, a fuego lento hasta que esté casi cuajada. Retirarla del fuego y ponerla bajo el grill hasta que se cuaje por completo y se dore un poco por arriba.

Sugerencia: Se pueden sustituir los espárragos frescos por unos envasados bien escurridos.

Presentación y acompañamiento: A esta receta le va bien una ensalada de rucola, aliñada con vinagre balsámico, como acompañamiento.

Los italianos llaman frittata a la tortilla, pero con la peculiaridad de que se termina de cuajar en el horno.

Cerdo salteado con verduras

Ingredientes para 4 personas:

- ✓ *200 g de filetes de cerdo cortados en lonchitas*
- ✓ *2 cucharaditas de aceite de girasol, de maíz o de oliva*
- ✓ *1 cebolla morada pequeña cortada en rodajas*
- ✓ *400 g de espinacas limpias y troceadas*
- ✓ *150 g de judías verdes redondas*
- ✓ *250 g de espárragos trigueros cortados por la mitad*
- ✓ *125 ml de agua*
- ✓ *1 cucharada de miel*
- ✓ *3 cucharadas de salsa de soja baja en sal*
- ✓ *1 cucharadita de jengibre fresco rallado*
- ✓ *1 cucharadita de harina de maíz*

Preparación:

- Cocinar la carne en una cazuela antiadherente mediana hasta que esté dorada y tierna. Sacar la carne.
- Calentar el aceite en la misma cazuela y rehogar la cebolla, removiendo, 1 minuto o hasta que esté tierna. Agregar las espinacas, las judías verdes y los espárragos. Cocer, removiendo, hasta que las verduras estén tiernas.
- Incorporar el resto de ingredientes y echar de nuevo la carne en la cazuela. Remover a fuego vivo hasta que la mezcla hierva y se espese. Se puede acompañar con arroz al vapor.

Sugerencia: Preparar este plato inmediatamente antes de servirlo.

Índice

Índice